LOCUS

LOCUS

Smile, please

smile 19 一生受用的金雞蛋
作者：克拉森(George S. Clason)
譯者：楊淑智
責任編輯：陳郁馨
美術編輯：何萍萍

法律顧問：全理法律事務所董安丹律師
出版者：大塊文化出版股份有限公司
台北市104南京東路四段25號11樓
讀者服務專線：080-006689
TEL：(02) 87123898 FAX：(02) 87123897
郵撥帳號：18955675 戶名：大塊文化出版股份有限公司
e-mail:locus@locus.com.tw

行政院新聞局局版北市業字第706號

總經銷：北城圖書有限公司
地址：台北縣三重市大智路139號
TEL：(02) 29818089 (代表號) FAX：(02) 29883028 29813049
排版：天翼電腦排版有限公司
製版：源耕印刷事業有限公司
初版一刷：1998年2月
初版5刷：2000年12月

定價：新台幣200元

Printed in Taiwan

一生受用的
金雞蛋。
The Richest Man In Babylon
富翁的12個祕密

George S. Clason◎著　楊淑智◎譯

目錄

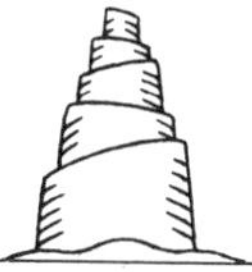

懂得方法的人，就能致富。

原序

繁榮的國家靠的是藏富於民。

本書就是在探討個人如何在理財上獲致成功。成功，意味著我們的努力和能力有了成就。適當的預備是成功之鑰。因爲行動可能不如思想黠慧。思想也可能不如理智高明。

本書專解阮囊羞澀之苦，因此有「理財洞見指南」之稱。事實上，這正是本書的宗旨：爲渴望致富者提供理財的洞察力，協助他們賺錢、存錢及利用餘錢賺更多的錢。

本書將帶領讀者回顧巴比倫時代。巴比倫是孕育當代金融基本原則的搖籃，這套原則今日已受全球普遍認同和運用。

對新讀者而言，作者很高興能擴展他的願望，在書中容納同樣能激勵新讀者增加銀行的存款，更能聚積財富，以及解決個人財務難題的理財啓示，這些都是讀者非常熱切提出的問題。

對於傳播這些故事給許多朋友、親戚、員工和同行的商業界主管而言，作者想藉這個機會表達感謝之意。因爲讚賞巴比倫致富之道的這些業界主管，對本書的支持沒有人比得過，這些主管自己就是遵循巴比倫的致富原則，而獲得重大成就的。

巴比倫得以成爲古代全世界最富有的城市，乃因其百姓個個都是那個時代最有錢的人。巴比倫人曉得金錢的價值，採行健全的理財原則來致富、儲蓄，並以錢賺錢。他們爲自己提供了源源不絕的收入，這正是我們所有人都渴望的事。

喬治・克拉森（George S. Clason）

誰想要黃金

「什麼？你身上一毛錢也沒有？有什麼事困擾你嗎？」

製造戰車的巴比倫工匠班希爾像個洩了氣的皮球，呆坐在自家的矮牆上，哀淒地凝視清清素素的家和敞開的工作坊，一輛半成的戰車佇立在工作坊裡。

他的妻子不時在敞開的大門邊走動。她時而往他這邊偷偷一瞥，令他想起糧袋幾乎空了，他應該回去工作，把戰車做好，應該回頭繼續釘釘鎚鎚、修齊邊幅、磨光、上漆、拉緊鋪在車輪圈上的皮革，以便出貨，這樣才能向富有的客戶收取銀子。

但是他肥胖、粗壯的身軀依然麻木地倚在矮牆上。他不靈光的腦子纏繞在一個問題上，但百般苦思仍無答案。幼發拉底河流域典型的炙熱艷陽，毫不留情地曬在他身上。汗珠從他雙眉間涔下，不知不覺直落到他胸膛。

他家門外聳立著包圍皇宮的圍牆。再過去一點，是五彩繽紛、高聳入雲的巴比倫天地之神貝爾的神殿。在這些富麗堂皇建築的蔭影下，除了他那個簡素的家之外，還有許多家徒四壁，簡陋不堪的房舍。巴比倫城就是這樣——夾雜著金碧輝煌的建築和骯髒鄙陋的巷弄——城牆內缺乏都市計畫或秩序，讓人羨煞的巨富，和一貧如洗的窮苦人共擠在一處。

班希爾身後，假如他回眸觀看的話，富人喧囂的戰車正招搖而過，路旁擠滿了穿著涼鞋的攤販和赤腳的乞丐。突然，連富人都不得不轉進貧民窟內，以便讓路給一長列奴隸經過，這些服事國王的奴隸正挑著一大羊皮袋的水，準備倒在皇宮的空中花園。

班希爾太全神貫注在自己的問題上，所以並未聽到或注意到這些紛亂擾攘的市況。忽然傳來熟悉的七弦琴樂聲，才使他從自己的冥想中回過神來。他回眸看著他這位最要好的朋友，感性十足、滿臉笑意的樂匠柯比。

柯比以無比恭敬的語氣打開話匣子說：「願諸神賜你大得自在，我的好朋友。他們顯然很慷慨，讓你暫時不必做工。我為你的幸運感到歡欣，甚至也分享到你的休閒之樂。我祈禱你的錢囊必定飽滿，你的工作坊也將忙碌下去，能不能借我兩舍克勒（古巴比倫貨幣）的小錢，直到那些貴族今晚的宴會結束。在這點小錢回到你身邊之前，你不會有什麼損失的。」

班希爾意氣消沉地回答：「假如我有兩塊錢，我也不會借給任何人——甚至連你，我最要好的朋友也不借；因為這些會是我全部的財產。沒有人會把他全部的財產借給別人，即使是最好的朋友也別想。」

柯比眞的很驚訝，大叫：「什麼！你身上一個舍克勒也沒有，居然還能坐在牆垣上像尊雕像一樣！爲什麼不完成這輛戰車呢？你還能靠其他什麼工作能力滿足你那高品味的慾望呢？這並不像你，我的朋友。你無窮的精力都跑哪兒去了？有什麼事情困擾你嗎？老天給了你麻煩是嗎？」

班希爾同意：「或許眞是神給了我折磨。我做了個愚蠢的夢，夢想自己是個富翁，腰纏萬貫。有許許多多的錢讓我可以恣意拋給乞丐；還有數不盡的銀兩可以讓我買綾羅綢緞給我妻子，買我想要的任何東西；更有一堆金子令我對未來感到放心，且不惜浪擲那些銀子。想到這些我心裡便覺得滿足！到時候你將不認得你這個辛勤工作的老朋友。我太太也將不認識我，她笑逐顏開，臉上的縐紋盡除。她又回復到新婚時那種帶著微笑的美嬌娘模樣。」

柯比評論道：「這的確是個令人開心的夢，但是這美夢帶來的愉悅感，怎麼會讓你變成好像牆角下一尊怏怏不樂的雕像呢？」

「我爲什麼會怏怏不樂？的確！因爲每當我清醒，想起自己其實是阮囊羞澀，反叛的感覺不禁襲上心頭。且讓我們一同談談這個問題。誠如士兵常說的，我們倆都是在同一條船上的人。年輕時我們曾一同向祭司學智慧，長大後也一直是親密的朋友。我們安於各自的生活，滿足於長時間的工作和自由自在地花錢。這些年來我們賺過不少錢，但是若想體驗財富帶給人的喜樂，我們就只好作作夢。罷了！難道我們只是蠢羊？我們居住在全球最富裕的城市中，貿易商皆稱，世上沒有任何城市的財富敵得過巴比倫城。論到我們的城盡是財富，但是我們本身卻窮得一文不名。你，我至交的好友，辛苦了大半輩子，錢包卻是空的，還得跟我說，『能否借我兩舍克勒小錢，直到那些貴族今晚的宴會結束？』我怎麼回答呢？我難道回答說：『我的錢包在此，裡面滿是錢幣，我很樂意與你分享』？不，我承認我的錢包跟你一樣空空如也。問題到底出在哪裡？為什麼我們不能賺更多的金銀，而非僅是夠溫飽而已？」

班希爾繼續說道：「再想想我們的兒子，他們難道不會跟隨父親的腳步嗎？他們及他們的家人、他們的兒子及孫子的家人，難道也得像我們一樣，住在滿地金銀的城市，卻甘心喝發酸的山羊奶與稀飯嗎？」

柯比困惑地說：「我們相識這麼多年來，你從未這樣說話，班希爾。」

班希爾說：「這些年來我從未有過這樣的想法。每天從黎明忙到天黑，我辛勤地建造比任何工匠做得更好的絕佳戰車，虔誠祈盼總有一天老天矜憫我的善行，賜下龐大的財富。但諸神從未如此賜福。最後，我才了解諸神永遠不會降下財富。因此我心裡憂悽。我渴望成為富翁，渴望擁有土地和牛群，錦衣華服和飽滿的錢囊。為達此目標，我願意耗盡精力、使盡雙手的技巧、絞盡腦汁，但我希望我的辛勞得到合理的回報。我們到底出了什麼問題？我再次問你！為什麼我們不能在那些好東西上擁有我們當得的分，而盡讓那些有金子的人買走那些好東西？」

柯比說：「但願我知道答案！我和你一樣不得滿足。我彈七弦琴賺來的錢馬上就用光了。我常得精心計畫如何讓家人不致挨餓。我心中同時渴望擁有夠大的七弦琴，好讓我真正唱出縈繞我心中的旋律。有了那樣的樂器，我便能彈出國王從來沒有聽過的好聽音樂。」

班希爾說：「你確實該擁有這樣的七弦琴。全巴比倫沒有任何人的歌聲能像你一樣甜美；不只國王聽了龍心大悅，連諸神也必喜悅。但是我們兩人窮得跟國王的奴隸一樣，怎能達成這夢想呢？聽那鈴聲！他們來了。」班希爾指著一長列半裸著身，汗流浹背，費力從河裡挑水進皇宮的奴隸。他們五個五個並排一列，向前邁進，每一列奴隸都佝僂著背，擔一大羊皮袋的水。

「引領那些奴隸往前走的那人很出色。他顯然是這個國家中傑出的人物。」柯比指的是沒有挑水只拿著搖鈴的前導者。

班希爾頗有同感：「在那行列中臥虎藏龍，有許多像我們一樣身懷技藝的人。有來自北方身材魁梧的金髮男士，有來自南方笑容可掬的黑人，以及來自鄰近各國的矮小棕色人種。他們齊力從河裡邁向皇宮花園，來來回回，日復一日，年復一年。沒有快樂的盼望。他們睡稻草鋪的床，喝粗穀粒煮的粥。可憐啊！這些人像馱獸，柯比！」

「我也為他們感到可憐。但是你讓我看見我們也好不到那裡去，儘管我們自稱是自由的人。」

「想來雖然令人難過，但這倒是眞的，柯比。我們並不希望年復一年過著奴隸般的生活，一直工作、工作、工作！此外什麼也沒有。」

柯比問道：「我們何不向其他人詢問獲得黃金之道，然後照著他們的方法去做？」

班希爾若有所思地回答：「假如我們去問那些深諳此道的人，也許可以學到一些訣竅。」

柯比建議：「就在今天，我看見我的老朋友阿卡德，剛剛駕著金色的戰車經過。我敢說，這個人並不像其他有錢人一樣，沒把我這卑微人看在眼裡。相反的，他向我揮揮手，所有路邊的人都看見他向我，樂匠柯比，打招呼，並且向我發出友善的微笑。」

班希爾想了一下說：「聽說阿卡德是全巴比倫最富有的人。」

柯比回答：「他有錢到連國王都找他去徵詢有關金錢的事呢！」

班希爾打斷柯比的話說：「那麼有錢啊！我要是在黑夜裡遇見他，恐怕會從他肥滿的腰包偷摸一把銀子。」

柯比訓誡說：「胡扯！一個人的財富不是掛在腰間的。假如沒有像河流一樣的金子不斷流入，肥滿的腰包必定會馬上變空。阿卡德擁有經常可以填滿荷包的收入，無論他怎麼揮霍，荷包還是滿滿的。」

班希爾突然大叫：「收入，正是這回事！我就是盼望擁有一份永續收入，無論我呆坐在牆邊或到遠地旅遊，它都可以源源不絕進入我的荷包。阿卡德必然知道如何獲得這樣的收入。像我心思這樣遲鈍的人，他能清楚為我解說這樣的致富之道嗎？」

柯比回答：「我相信他必定將他的致富之道教給他兒子諾馬希爾了。酒館裡傳說，諾馬希爾跑到尼尼微城（亞述國首都，今伊拉克北部的摩蘇爾市附近）去了，在沒有阿卡德的援助之下，諾馬希爾成了尼尼微城最富有的人。」

班希爾的眼神裡泛出新的亮光：「柯比，你使我突發奇想。向好朋友尋求有智慧的忠告，並不用花錢，而且阿卡德向來樂意免費給人理財的忠告。儘管我們去年的錢囊空得像獵鷹的窩巢，但不要在意。我們都盼望成為富翁。來吧，讓我們去找阿卡德，詢問他，我們如何才能同樣獲得源源不絕的收入。」

「你說得興致勃勃，班希爾。你使我有了新的體會，而且讓我明白為什麼我們從未發現致富之道，因為我們從來就沒尋索過。你很有耐心地辛勤製造巴比倫最堅固的戰車。為了賺錢，你付出最大的努力。因此，你在戰車工藝方面獲得成功，而我則努力成爲一位琴藝絕妙超群的七弦琴樂匠。我在音樂方面也是成功的。」

「在我們付出最大努力的這些方面，我們已獲得成功。諸神必定非常滿意讓我們繼續擁有成功。現在，我們終於看見一道曙光，彷彿從太陽那邊升起了亮光。這光指教我們去學習更多的知識，以變得富有。有了這樣的體認之後，我們應該找到可靠的方法，達成我們的願望。」

班希爾敦促說：「讓我們今天就去找阿卡德。同時去叫那些現在景況不比我們好的兒時老朋友，一起去請教阿卡德分享他的理財智慧。」

「班希爾，你對你的朋友們總是那麼設想週到。難怪你擁有許多朋友。就照你所說的，我們今天就去找他們一起去拜訪阿卡德。」

聽富翁說故事

「我不甘心當個窮人；我要贏得人生中美好的事物。」

從前有一位非常有錢的巴比倫人，名叫阿卡德。他的財富遠近馳名。他的慷慨也是出了名的，他樂善好施，對家人很大方，花在自己身上的開銷同樣毫不吝嗇。但是他的財富每年增加的速度依然快過他花錢的速度。

他年輕時的一些友伴對他說：「阿卡德，你比我們有錢。你已變成全巴比倫最富有的人，而我們卻還在為餬口飯吃而打拚。你可以穿戴綾羅珠寶，享盡人間珍饈美饌，而我們若能盡力讓家人溫飽，就已經感到心滿意足了。

「但是，我們曾經平起平坐，受教於同一位老師，也一同遊戲。論到唸書和遊戲，你並不比我們出色。往後那幾年，你也和我們一樣不過是個泛泛之輩。

「就我們判斷，你並未比我們更辛勤或更忠心地工作。但是為什麼變化無常的命運單單挑中你享有人生一切的美好事物，卻忽略了我們也同樣配得這些享受？」

阿卡德忠告他們：

假如這些年來你們過的只是僅僅餬口的生活，那是因為你們還未學會理財之道，或者還未實踐理財的竅門。

變化無常的命運，是凶惡的女神，她不會賜給任何人永久不變的事物。相反的，她會讓不勞而獲的人一敗塗地。她造就荒唐揮霍的人，一夕之間就讓他們把所獲得的財富散光了，空留下他們再也無法滿足的貪婪胃口和慾望。另一些受她眷顧的人，則變成守財奴，深怕花掉他們所擁有的財富，因爲他們知道，自己並未擁有足以取代這些財富的才幹。他們同時深怕遭強盜洗劫，以致過著空虛、遠避衆人的悲慘生活。

還有一些人，可能在未費絲毫力氣而獲得金銀財寶之後，輾轉賺得更多，且繼續過著快樂滿足的生活。但是這種人太少了，我只風聞過有這種人，但未見其人。想想看那些繼承大筆財產的人，是不是正如我所說的情形。

阿卡德的友人承認，他們所知道的繼承大筆遺產的富翁，下場確實如他所說的那樣。朋友央求他闡明他如何致富，於是阿卡德繼續說：

我年輕時，檢討自己，也檢討人生有什麼東西可以帶來快樂和滿足。我了解，財富讓一個人更有能力享受快樂和獲得滿足。

財富就是力量。有了錢，許多事情都可能辦得到。

你可以用上好的家具美化你的家。

你可以遨遊四海。

你可以享盡山珍海味。

你可以購買金匠和寶石工精心製作的金銀珠寶。

你甚至可以蓋幾座富麗堂皇的神殿。

你還可以進行其他可以令你的感官滿足，讓靈魂愉悅的事。

當我明白這些之後，我決定要贏得人生中這些美好的事物。我不願當個臨淵羨魚的人，只能站在遠處看著別人享受。我不滿足於只穿著最便宜的體面衣服。我也不甘心當個窮人。相反的，我要讓自己成爲人生這場豐盛宴席的貴賓。

誠如你們所知道的，我是個小商人的兒子，家裡人多，輪不到我繼承財產。而且，你們一定也看得出來，我既無高超的能力，也無過人之智，因此我決定，假如想達成我的目標，就得花些時間在賺錢理財方面下功夫，並且研讀一些書。

時間，每個人多的是。但是你們都讓時間白白溜掉，而未能用時間來致富。如今，除了家庭幸福美滿令你們理所當然感到驕傲之外，你們再也沒有什麼可以炫耀。

就研讀而言，有智慧的夫子不正教導我們，學習分爲兩類：一類是可學而知之的，另一類則是從不斷磨練中學到如何找出我們還不懂的事物。

因此我決定找出累積財富之道，當我發現這些訣竅時，我便以致富爲要務，並全力以赴。待我們離世奔赴幽冥地府時，黑暗就會籠罩我們，所以，當我們還在燦爛的陽光下時，便盡情享受，這豈不是聰明之舉嗎？

我找到一份差事，充當官府文史紀錄廳的刻泥板匠，我每天都得花很長的時間刻寫泥板。一週復一週，一月復一月，我工作不懈，但是我的收入仍無剩餘。食、衣、祭祀等日常生活所需，很快就蝕掉我所有的收入。但是我的決心毫不動搖。

有一天，開錢莊的阿加米希到官府大人那兒，訂製第九條法令的抄本。阿加米希對我說，這個法令得在兩天內刻寫好，假如我辦得到，他將付我兩個銅錢。

於是我拚命加班，但是這條法令太長了，當阿加米希前來取件時，我還沒刻完。他非常憤怒，我要是他奴隸，他早就把我痛打一頓了。但是他知道官府大人不會允許他動手傷我，所以我一點也不怕，我對他說：「阿加米希，你是個非常有錢的人，你能不能告訴我如何致富，這樣我將整夜趕工刻泥板，到天亮太陽升起時，我必能刻完。」

阿加米希笑著回答說：「你是個長進的僕人，但是你得先刻完泥板，我們再談這個交易。」

於是我一整夜拚命刻泥板，儘管腰酸背痛，油燈的味道嗆得我的頭隱隱作痛，直到雙眼模糊得幾乎看不見。但是，當他天亮趕來取貨時，我已經完工。我說：「現在你得信守諾言，告訴我致富之道。」

阿加米希說：「年輕人，你已實踐你那一部分的交易，我將說出你想知道的那些事，因爲我老了，老人家總是喜歡絮絮叨叨。年輕人向老年人請益，必得著老年人經年累月積聚而成的智慧。但是年輕人經常以爲老年人只懂得過時的智慧，一點用處也沒有。然而可別忘了，今天升起的太陽，和你老爸出生時的太陽一模一樣，當你最後一個孫子歸入塵土時，照耀大地的也依舊是同一個太陽。」

他繼續說道：「年輕人的智慧，彷彿明亮的流星閃過天際，但是，老年人的智慧就像靜止不動的恆星，發出永恆不變的光芒，成爲水手賴以找到方向的指引。

「緊記我的話，否則你將無法理解我所說的眞理，且會以爲你今夜辛勤的工作是白費功夫了。」

接著他用犀利的眼神盯著我，並且以低沈有力的聲音說：「當我決定將自己所有收入的一部分留做自己用之後，我便找到致富的路。你也可以如法炮製。」

他繼續盯著我看，那眼神令人覺得簡直被他穿透，但是他再也不發一語。

我問：「就這些嗎？」

他答：「這些話已足以使牧羊人的心腸轉變成債主的心腸。」

我追問：「但是我賺得的所有錢財就是我的，不是嗎？」

他說：「完全不是這回事兒。你難道不必付錢給裁縫師、鞋匠？不必買吃的？住在巴比倫城能沒有一些開銷嗎？你上個月的工資還剩多少？去年的收入又如何呢？蠢蛋！你一直在付錢給每個人，就是沒給自己。傻子啊，你是在爲別人而勞力。奴隸不也一樣爲那給他吃穿的主人勞力嗎？假如你爲自己攢積十分之一的所得，十年後你將擁有多少錢？」

我對數目字的計算能力還算好，我回答：「大約相當於我一年的收入。」

他卻反駁說：「你只說對了一半。你所存的每一塊金子，都是能爲你效勞的奴隸。每塊金子輾轉所賺的銅錢是它的孩子，這些銅錢也能替你再賺些錢進來。假如想變得富有，你所存的錢必須有賺頭，這些儲蓄金的孳息也得再賺些進來。所有這些大錢小錢都有助於你得著你渴望的財富。」

他繼續說：「你以爲我用這些話來騙取你整夜辛勤的工作嗎？假如你夠聰穎，聽得懂我說的這些眞理的話，那麼我回報你的將是上千倍的得利。」

阿加米希又說：「你所有收入的一部分才是你能留存的。無論你賺的錢是多麼少，每次存款最好不要低於所得的十分之一。你絕對存得了比十分之一更多的錢。先付錢給你自己（儲存）。超過你餘錢能付的衣服和鞋子，就不要買，留一些錢買吃的、賑濟窮人及獻祭給諸神。

「財富就像一棵樹，是從一粒小小的種子開始長起來的。你所存的第一個銅板就是種子，將來會長成財富大樹。你越快播下種子，就會越快讓錢樹長大。你越忠實地經常以存款培育、澆灌，就越快能在樹蔭下乘涼。」

說著說著，他拿起泥板走了。

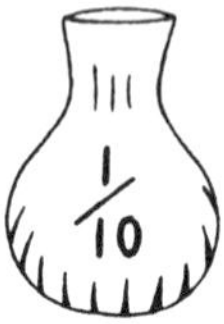

我反覆思想他對我說的那番話，聽來很有道理。因此我決定試試看。每次我付錢買東西時，就從當中抽取十分之一存起來。看似奇怪的是，我並不比以前短缺什麼。我注意到我不多花那十分之一的錢，生活情況並沒有太大的差別。但是我經常受到試探，當我的儲蓄開始增多時，我會想花點積蓄，購買商販擺出來、駱駝隊馱來或商船從腓尼基運來的好東西。不過，我最後還是很明智地節制下來。

十二個月以後，阿加米希再度來找我，問我：「年輕人，過去一年來，你是否留給自己不少於十分之一的錢呢？」

我驕傲地回答：「是的，前輩。我做到了。」

他一面看看我，一面說：「好極了，你都拿這些錢做什麼呢？」

我說，我都給了造磚匠阿茲慕，他告訴我，他經常遠遊四海和腓尼基的提爾（註：今黎巴嫩西南部港市蘇爾，古時曾爲腓尼基奴隸制度的城邦），他會爲我購買腓尼基的稀世珠寶。等他回來，我們就將這些珠寶高價出售，再平分利潤。

阿加米希咆哮說：「笨蛋就是得吃點苦頭。憑什麼相信一個造磚匠對珠寶有啥知識？你難道會向麵包師傅請教有關星星的知識嗎？不會。假如你有點腦筋的話，你就知道你應該去問天文學家。你的積蓄全泡湯了，年輕人，你對你這棵財富樹是揠苗助長了。再試一次吧！下次假如你想獲得有關珠寶方面的忠告，要去找珠寶商。假如你想知道有關羊的事，就去找牧羊人。這類有關某種專業的忠告都是免費給人的，但是，要注意你只能擷取值得採納的部分。找個完全沒有存錢經驗的人詢問有關儲蓄的問題，你將得付出你所有的積蓄為代價，才能證明那些忠告是錯誤的。」阿加米希說著說著，便離去。

果然正如他所言。那一幫腓尼基人都是惡棍，賣給造磚匠的盡是像煞珠寶卻毫無價值的玻璃。但是我仍按阿加米希的吩咐，繼續存十分之一的銅錢，因為這時我已經養成習慣，存錢並也不是困難的事。

十二個月之後，阿加米希又到文史紀錄廳來，對我說：「自從我上次見你到現在，進展如何？」

我回答：「我始終不渝地努力存錢，並且把所存下來的錢託給盾匠阿格購買銅材，他每四個月付我利息。」

阿加米希說：「很好，你怎麼用這些利息？」

「我買了蜂蜜、好酒和蛋糕大快朵頤，也買了件亮紅色的袍子。總有一天，我要買一隻驢子來騎。」

阿加米希大笑：「你吃掉你的錢子錢孫了。那你怎能期待錢財爲你效勞呢？又怎能期待這些錢財生出錢子錢孫來服事你呢？你應該先讓自己擁有一堆黃金做你的奴隸，這樣你才能永久享有無數的宴樂而不懊悔。」說著，他便又離去。

接著兩年我未再見到他，等他再來看我時，他滿臉縐紋，雙眼下垂，已是個老人。他對我說：「阿卡德，你已經變成你夢想中的富翁了嗎？」

我回答：「還不到我想的那地步，但是我已經擁有一點財富，且利用以錢滾錢的方法賺了更多回來。」

他問道：「你仍採納磚匠的忠告嗎？」

我回嘴說：「只有關於造磚的事，磚匠能給上好的忠告。」

他繼續說：「阿卡德，你已經學會這些功課了。首先你學會量入為出，再則學會向那些藉由經驗而獲得才幹的人尋求忠告。最後你學會如何讓黃金為你效力。」

阿加米希說：「你已經懂得如何攢錢、存錢和用錢。因此你已能肩負重任。我已垂垂老矣，我那些兒子成天只想著花錢，卻不曾想到賺錢。我的產業極為龐大，我怕看管不了。假如你願意到尼普，看管我在那裡的地產，我將收你為夥伴，你可以分得我的財產。」

於是我就到尼普，幫他管理他那一大片產業。由於我滿懷雄心壯志，且已精通成功理財的三大法則，因此我替他賺得更多的財富。我自己也變得非常富有，阿加米希過世之後，我又分得他生前透過法律程序分給我的一些財產。

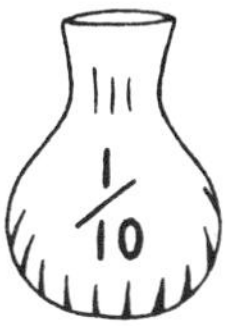

阿卡德說完他自己的故事，他的一位朋友說：「你眞是幸運，能成為阿加米希的繼承人。」

阿卡德說：「在遇見阿加米希之前，我就渴望成為富翁，唯有抱持這種渴望，幸運才會臨門。起初那四年，我豈不是已證明我堅守儲存十分之一所得的毅力嗎？一位用功研究魚類習性多年，以致任何風向變動他都能捕到魚的漁夫，難道你們還會稱他是幸運的嗎？機會是個桀驁不馴的女神，她不會浪費任何時間在尚未預備好的人身上。」

阿卡德的另一位朋友接著說：「你實在具有堅強的意志力，能在損失第一年的積蓄之後繼續存錢。你在這方面的功力眞是不凡。」

阿卡德反駁說：「意志力！什麼無聊話。你以爲意志力能給人力量，扛起連駱駝都搬不動的重擔，或者連牛群都拖不動的負擔嗎？意志力只不過是用來完成預定任務的堅定決心罷了。假如我爲自己設定了一項任務，無論這任務有多麼微不足道，我都應該貫徹到底。若要做大事，我還需要有其他什麼樣的自信呢？假如我自許未來一百天，每當我經過進城的那條橋時，我將拾起路上的一塊石頭丟進河裡，我就一定照實辦到。假如第七天，我走過那條橋時忘了丟石頭，我不會對自己說：『明天經過時再補丟兩顆石頭吧！』我會折回頭去丟那一塊石頭。我也不會到第二十天的時候對自己說：『阿卡德，得了罷，每天丟一塊石頭有什麼用呢？還不如今天丟它一大把，以後就再也別理了。』不，我不會這麼說，也不會這麼做。只要我為自己訂下任務，就必定完成。我非常慎始敬終，一開始就不找困難和不切實際的事做，因為我喜歡悠閒。」

又一位朋友說：「假如你所說的都對，看來你的意思是說，適當地跨出第一步，然後單純地持守下去。假如所有人都能做到這些，世上的財富豈夠眾人分呢？」

阿卡德說：「只要人付出努力，財富就會增加。假如一個有錢人為自己蓋了一幢嶄新的豪宅，他為此支付出去的黃金就不見了嗎？不，磚匠得了其中一部分，建築工人得了另一部分，設計師也分了一部分。所有參與建造這幢豪宅的人，都分得富翁所付黃金總額的一部分。但是落成之後，這幢房子難道不值這些金價嗎？這塊建地難道不會因為這幢豪宅而變得更值錢嗎？建地周圍的地價難道不會因此提高嗎？財富成長的方式是很神奇的。沒有人能預知它的極限。腓尼基人豈不是利用他們的商船從海外賺回來的錢，在沿海不毛之地建造了許多了不起的城市？」

另一位朋友問道：「那麼你給我們的致富忠告又是什麼呢？光陰逝去多年，我們已不再年輕，又沒有什麼積蓄。」

阿卡德回答：

我建議你們採納阿加米希的智慧之言，對自己說：「我所有收入的一部分要留做己用。」每天早晨起床時就對自己說這句話，正午提醒自己一次，晚上再說一遍。每天每個小時都這樣提醒自己，直到這些話像一團字火閃耀在天際。

加深你自己對這句話的印象。滿心想著這句話。然後擷取看來明智的部分。訓練自己每天不只存下十分之一。如有必要，就安排從其他開銷也攢下十分之一的錢。但是務必先堅守那固定的十分之一。你將立即明白，獨自擁有一筆財富的感覺有多棒。當財富累積得越來越多時，你將更感到興奮。人生中的新喜樂將令你大感欣喜。你自然而然會加倍努力，賺取更多的錢。因爲當你所賺的錢增加時，你能留做己用的錢不也跟著水漲船高嗎？

接著再學學如何讓你的財富爲你效力。讓財富當你的奴隸，同時讓錢子錢孫都爲你效勞。

要確保自己將來的生活無虞。看看你周圍的老人家，別忘了，總有一天你也將成為老年人。因此，要極其謹慎地投資，避免損失。放高利貸就是看似美妙卻不實在的投資方法，你很可能在不知不覺中損失慘重，懊悔不已。

你也該想到，萬一你蒙諸神寵召，得讓你家人的生活仍舊不致匱乏。這類保護措施只要平時每隔一段時間存點錢即可應付。因此，有遠見的男人若欲在身故後做好安家措施，便絕不會耽擱，而立即開始儲蓄。

要向智慧人諮商，向每天都在處理金錢的人尋求忠告。讓他們挽救你，避免重蹈我的覆轍，以免像我一樣，將辛辛苦苦攢下的錢誤託磚匠阿茲慕。安全、小額報酬的投資，遠比高風險的投資更令人滿意。

到了這個階段，你就可以好好享受人生了。不要過度節制或試圖存太多的錢。假如你所有收入的十分之一存來毫不費功夫，你就以此為滿足吧！不然就量入為出，不要讓自己變成吝嗇鬼，一毛錢都不敢花。人生那麼美好，有許多事情值得你去做，去享受。

阿卡德的朋友們道了謝，便一一告辭。他們其中有些人靜默不語，因為他們想

像不到，也不了解阿卡德所說的一切。另一些人則譏諷說，像阿卡德那麼有錢的人，應該將財產分一些給不幸運的朋友們。但有些人則聽出一點兒端倪，他們領悟到，阿加米希能多次回到文史紀錄廳去找阿卡德，是因爲阿加米希看見一個辛勤努力的人，正從黑暗邁向光明。當辛勤奮鬥的阿卡德找到光明之後，有個美好的位置正等著他。除非親自體會那一切的理財道理，並預備好迎接機會，否則沒有任何人能塡補那個位置。

後來那一批友人在往後幾年，仍屢次前去向阿卡德請益，阿卡德也很樂意接待他們。阿卡德免費提供他的理財智慧供他們參考，一如其他經驗豐富的人總是樂意傳授訣竅一樣。阿卡德並且協助他們，將儲金用在獲利性佳且安全的投資上，以避免損失，或被套牢賺不到利息。

當這批友人領悟到阿加米希傳給阿卡德，再由阿卡德傳給他們的理財之道以後，他們的人生便出現轉捩點。

你所有收入的一部分
是你能留存的。

致富的七大守則

脫離貧窮第一守則：每賺進十元，最多只能花九元。

巴比倫的繁榮昌盛歷久不衰。巴比倫在歷史上一直以「全世界首富之都」著稱於世，其財富之多超乎想像。

但巴比倫並非一直就是這麼富裕。巴比倫能夠富裕，是因爲它的百姓有理財的智慧。巴比倫人都得先學會致富之道。

當巴比倫明君薩貢王（譯註：公元前二十四到二十三世紀的巴比倫王，爲兩河流域第一個統一大國的開國君王）打敗敵人埃蘭族，回到巴比倫時，卻遇到嚴重的問題。宮廷臣宰向薩貢王解釋說：

「承蒙陛下興建偉大的灌溉運河和諸神的聖殿，爲百姓帶來多年的繁榮，但如今這些工程已經完峻，百姓無以爲生。

「勞工失業，商人少有顧客，農夫賣不掉農作，百姓沒有足夠的金子購買糧食。」

薩貢王追問：「我們爲這些工程支付出去的所有金子都跑哪兒去了？」

臣宰稟告說：「這些金子恐怕都落入巴比倫城中少數幾個非常富有的人手裡了。這些金子從百姓的指縫中快速溜到富人手中，彷彿山羊奶迅速流入擠奶人手裡一樣。由於金子停止流通，大部分百姓毫無積蓄可言。」

薩貢王想了一會兒，又問：「爲什麼少數那些富翁能獲得所有的金子呢？」

臣宰稟告：「因爲他們知道怎麼攢金子。一般人不會因爲某人懂得成功之道而責罵他。再怎麼追求公義的官，也不會將一個人用正當手段賺得的財富奪來，分給其他較無能耐的人。」

薩貢王質疑：「但是爲什麼？難道全國百姓不會學習如何攢積金子，讓自己變得有錢嗎？」

臣宰回稟：「百姓是很有可能學會攢錢的方法，陛下。但問題是誰能教導他們呢？當然不會是祭司，因爲他們壓根兒不知道如何賺錢。」

薩貢王問道：「誰是全巴比倫城裡最懂得致富之道的人呢？」

臣宰稟報：「陛下，您發問的同時也等於得到答案了。想想，誰在巴比倫聚積了最多的財富呢？」

「哦，我能幹的臣宰啊，盛傳巴比倫最富有的人是阿卡德。趕快帶他來見我。」

翌日，阿卡德遵照薩貢王的諭令前來覲見，儘管阿卡德已有七十歲，但是他仍精神抖擻且愉快地來到薩貢王面前。

薩貢王問道：「阿卡德，你可眞的是全巴比倫最富有的人嗎？」

阿卡德：「正如吾王所聞，沒有人否認這一點。」

「你是怎麼變得這麼有錢的？」

「利用機會，這些機會巴比倫城所有百姓都遇得到。」

「你沒有憑藉什麼基礎嗎？」

「除了大大渴望財富之心以外，別無所賴。」

「阿卡德，我們城裡出現非常不幸的狀況，因爲有少數人知道如何致富，以致壟斷財富，而廣大的民衆卻缺乏理財知識，不懂得如何留住他們賺來的金子。」

薩貢王繼續說道：「我企盼巴比倫成爲舉世最富有的城市。爲達此目的，巴比倫必須成爲擁有許多富翁的城市。因此我們必須教導所有的百姓致富之道。阿卡德，你告訴我，致富有什麼秘訣嗎？這些秘訣教得了人嗎？」

「皇上，這是很實際的問題。任何明白致富之道的人，都可以把這道理傳授給別人。」

薩貢王的眼睛一亮：「阿卡德，你說的話正合我意。你能奉獻心力完成此大任嗎？你願不願意將你的理財知識傳授給一群教師，讓這些教師可以再輾轉教導其他人，直到有足夠的受訓者可以教導全國民衆如何致富？」

阿卡德鞠躬說：「卑職遵命。爲我同胞的福祉及吾王的榮耀，凡我所知，必樂意傾囊相授。還望皇上派大臣爲卑職安排一百人的班級，我將教導他們致富的七大要領，俾使巴比倫無一窮人。」

兩星期之後，遵照國王旨意獲選爲研習生的一百人，聚集在國家學習院大廳，圍坐成半圓型的課堂。阿卡德坐在小桌旁，桌上擺的一盞聖燈不時飄散出奇妙而怡人的香氣。

當阿卡德站起身時，一名學員輕推鄰座的同學說：「看啊！全巴比倫最富有的人就是他。他簡直跟我們這些人沒有什麼兩樣。」

阿卡德開始講述：

承蒙皇上託付如此重責大任，我爲服事國王，站在你們面前。因爲我曾是渴求金銀財寶的窮酸青年，由於我找到致富之道，皇上要我將這些知識傳授給你們。

我從最卑微的方式起家。我和每個巴比倫公民一樣，並未享有什麼優勢。我的第一個庫房，只是一個破爛不堪的錢囊。我憎惡這錢囊空然無用。我渴望它飽滿鼓脹，常有金子叮叮噹噹互相碰撞。因此我遍尋讓錢囊飽滿的妙方。我發現了七個妙方。

我將向諸位解說讓荷包飽滿的七大守則，這是我對所有渴求金銀財寶者的建議。我將花七天時間，每天解說其中一項守則。

請注意聽我講述這些知識。你們可以與我辯論，或是找同學彼此討論。要將這些功課學得透徹，這些功課必定也能爲你們的荷包種下財富的種子。首先，你們每個人都必須開始建立自己的財富。然後才能成爲有理財才幹的人，唯有如此，你們才能傳授這些道理給其他人。

我將教你幾個讓荷包飽滿的簡單方法。這是邁向財富殿堂的第一步，第一步站不穩的人，永遠別想登上這個殿堂。現在我們就來看看第一條守則。

致富第一大守則
先讓你的荷包鼓脹起來

阿卡德問坐在第二排的一位若有所思的先生：「我的好朋友，你從事什麼工作？」

那位先生回答：「我是個抄寫員，專門刻寫泥板。」

阿卡德：「我最初也是刻寫泥板的工人，即使靠同樣的勞力工作，我也能賺得我的第一個銅錢。因此，你們也有相同的機會建立財富。」

阿卡德又問一位坐在較後排，氣色紅潤的先生：「能否請你說說，你靠什麼養家？」

那位先生說：「我是個屠夫。我向畜農購買山羊來宰殺，再將羊肉賣給家庭主婦，將羊皮賣給製作涼鞋的鞋匠。」

阿卡德：「你既付出勞力，又輾轉牟利，因此你比我更具有成功的優勢。」

阿卡德一一詢問每位學員的職業，等他問完，他說：

「現在，同學們可以看出，有許多貿易和勞動可以讓人賺到錢。每一種賺錢方式，都是勞動者將勞力轉換成金子流入其荷包的管道。因此，流入每個人荷包的金子多或少，全看你們的本事如何。可不是嗎？」

學生們都同意阿卡德的說法。

阿卡德繼續說：「假如你們渴望爲自己建立財富，那麼，從利用既有的財源開始，是不是很聰明的做法呢？」

所有學生都同意。

阿卡德轉身問一位自稱是蛋商的小人物：「假如你挑出一個籃子，每天早晨在籃子裡放十個雞蛋，每天晚上再從籃子裡取出九個雞蛋，最後將出現什麼結果？」

「總有一天籃子會滿出來。」

「爲什麼？」

「因爲我每天放進籃子裡面的雞蛋比拿出來的多一個。」

阿卡德笑著轉向全班：「你們當中有人荷包扁扁的嗎？」

這些學生起初聽了覺得好玩，繼而笑開，最後戲謔地揮動著他們自己的錢包。

阿卡德接著說：

好了，現在我要告訴你們解決貧窮的第一個守則。就照著我給蛋商的建議去做。在你們放進錢包裡的每十個硬幣中，頂多只能用掉九個。這樣你的錢包將開始很快鼓起來，它所增加的重量，會讓你抓在手裡覺得好極了，且會令你的靈魂感到滿足。

不要因為聽來太簡單而訕笑我所說的話。我說過，我將告訴你們我致富的方法，而這便是我的第一步。我曾經同你們一樣荷包空空，且憎惡自己沒錢；錢包裡毫無分文，我的許多慾望便無從滿足。但是當我開始從荷包裡放進十個硬幣，只取出九個之後，我的荷包便開始鼓脹起來。你們的荷包也必如此。

現在，我要說一個奇妙的眞理，其理至妙，非我能解。這就是當我的支出不再超過所得的十分之九以後，我的生活仍然過得很舒適，不比從前匱乏。而且不久之後，銅錢比以前更容易攢下來。這誠然是諸神賜人的定理，凡將所得儲存一部分而不花光的人，金子將更容易進他的家門。同樣的道理，錢包經常空蕩蕩的人，金子是進不了門的。

你們最渴望得到哪一種結果呢？你們每天最感滿足的事豈不是擁有珍珠寶石、錦衣玉食，且能毫不在意地享受任何物資嗎？或者擁有實質的財產、黃金、土地、成群的牛羊、商品和利潤豐厚的投資？你從錢包取出的那些銅板會帶來前一項滿足，你存入錢包的那些銅板則會帶來後一項滿足。

同學們，我發現解決錢包空空的第一招就是：「每賺進十個銅板，至多只花掉其中九個。」接下來請互相討論。若有任何人證明此理虛假，請在明早上課時告訴我。

致富第二大守則

控制支出

第二天，阿卡德上課時說：「有同學問我，當一個人所賺的錢連日常生活費用都不夠支付時，他怎麼存下十分之一呢？

「昨天，你們當中有多少人錢包是空蕩蕩的？」

全班答：「我們所有人都是如此。」

「但是，你們各人的收入並不相同。有些人賺的錢比別人多。有些人則有更多家人要養。然而你們所有人卻同樣錢包空空。現在，我要告訴你們一個關於人的眞理，那就是**我們所謂的『必要開銷』，永遠與我們的收入相等；除非你有心抵抗。**

「不要將必要開銷和你的慾望混爲一談。你們自己及你們家人的慾望，永遠不是你們的薪水所能滿足的。因此，假如你的收入是用來滿足這些慾望的話，那麼錢必定會花光。但是錢花光了之後，你還是感到不滿足。

「所有的人都背負著遠非他們能滿足的諸多慾望。你們認爲像我這麼有錢的人，必能滿足自己的每個慾望了嗎？其實不然。我的時間有限。我的精力有限。我能旅遊的路程也有限。我能吃的東西有限，我能享受的樂趣也有限。

「我告訴你們，就像農夫只要一不小心留下空間，野草便會生根發芽，快速成長，同樣地，你們若給慾望留餘地，它們就會漫無邊際地膨脹。人的慾望多得不可勝數，你能滿足者僅屬少數。

「透徹研究一下你的生活習慣。你可能發現，某些被你視爲理所當然的開銷，其實可以明智地加以刪除或減少。不妨給自己一個座右銘：將錢用在刀口上，讓你所花費的每一分錢的價值提高到百分之百。

「因此，在泥板上刻下你渴望花錢享受的每件事。選擇其中確實有必要的，用錢包裡十分之九的錢去支付。刪掉其他不必要的，要把這些慾望當做不過是繁多慾念的一小部分，千萬別去嬌寵它們，以免養癰遺患，後悔莫及。

「接著，爲那些必要的開銷做預算。不要去碰那一筆正逐漸讓荷包鼓脹起來的十分之一存款。讓儲蓄成爲你正在實踐的大滿足。你可以不斷地做預算，並隨時調整預算，以便幫助你理財。但是，你的第一要務是務必守護正在鼓脹的荷包。」

此時，有一位穿著金紅兩色相間袍子的學生站起來發問：「我是個不必工作的人。我相信我有權利享受人生各樣美好的事物。因此我不做預算的奴隸，不讓預算決定我該花多少錢，以及該花在什麼地方。我覺得做預算會奪走我許多的人生樂趣，讓我像一隻背負重擔的驢子一樣。」

阿卡德回答：「我的朋友，誰決定你的預算呢？」

那位有異議的學生答：「我自行決定。」

阿卡德：「用你的例子來說，假如這隻驢子要爲他所背負的東西做預算的話，他做預算的範圍會涵蓋珠寶、地毯和沈重的金條嗎？不會。他可能只會盤算從沙漠馱負回來的稻草、穀類和一大袋的水。

「做預算的目的是協助你的荷包鼓脹起來。預算將協助你擁有日常必要享受，同時在你供得起的範圍之內，滿足你的其他慾望。預算能幫助你實踐你最在乎的慾望，避免你所珍重的這些慾望被偶發的其他願望奪走機會。就像黑暗洞穴裡的一盞明燈一樣，預算能照亮你荷包的漏洞，使你堵住那些漏洞，免得你爲了滿足某些慾望而毫無節制地花錢。

「這便是脫離貧困的第二守則。爲你的開銷做預算，如此，你便可能在不花費超過所得十分之九的範圍內，擁有足夠的錢支付必要開銷、其他享受，並滿足其他值得的慾望。」

致富第三大守則
讓自己成爲多金的人

阿卡德第三天告訴學生：

看！你們的荷包正一天一天鼓起來。你們已能自律，儲存所得的十分之一，且已控制你們的開銷，以守護不斷增加的財富。接下來，我們將思考如何讓財富爲我們效勞，以及增加財富的訣竅。擁有金子的荷包令人滿足，但只滿足了一個吝嗇守財奴的靈魂，此外別無意義。我們從所得當中存下來的金子，只不過是個開始罷了。用這些儲金所賺回來的錢，才能建立我們的財富。

因此，我們怎麼讓這些儲金運作呢？我頭一次的投資很不幸，血本無歸。這個故事我稍後再談。我第一樁有獲利性的投資，是把錢借給一個名叫阿加爾的盾匠，他每一年都購買好幾船從海外運來的銅，然後進行買賣。由於缺乏足夠的資金購買這些銅，阿加爾向那些有餘錢的人賒借。他是個老實人，在他賣掉銅貨之後，凡他所借的最後必定償還，且支付利息。

每次我借他錢，我同時拿回他付我的利息。因此，不只我的資本增加了，這筆資本所賺的孳息也不斷累積。最令人高興的還是，這筆錢最後又回到我的荷包。

我告訴你們，一個人的財富不在於他錢包裡的銅板有多少；而在於他所累積的收入、源源不絕流入荷包的財源，並能常保荷包飽滿。這是世人都渴望的，也是你們每個人渴望的；無論你工作或去旅行，你的荷包都不斷有進帳。

我已經得著大筆的所得，大到我已被稱爲富翁。我借錢給阿加爾，是我第一次從事有獲利性的投資。從這次經驗中獲得智慧後，隨著資金的增加，我借出去的錢數和投資愈益擴大。起初只借給一些人，後來借給許多人，這樣明智的理財，使金子源源不絕流進我的荷包。

看！我從微不足道的所得攢積出一堆黃金做我的奴隸，每塊黃金又繼續不斷爲我效勞，賺進更多的黃金。在它們爲我效勞的同時，它們的子子孫孫也一起替我賺錢，讓我的府庫滿盈。

你們可以從以下的例子看出，合理的投資將使你的金錢快速增長：有一位農夫在他的長子出生之後，拿了十塊銀錢給經營貸款業務的錢莊老闆，要求老闆替他放款，直到他兒子二十歲爲止。老闆答應每四年給他二成五的利息。農夫要求說，因爲這筆錢是準備存給他兒子用的，因此利息全都歸到本金裡面。

當這男孩二十歲時，農夫向錢莊老闆索回這筆銀錢。老闆解釋道，由於這筆銀錢是以複利計算，因此原先的十塊銀錢現在變成共是三十一塊五銀錢。

農夫非常高興，而由於他兒子還用不到這筆錢，因此農夫繼續把錢託放在錢莊。到了這兒子四十五歲時，農夫過世了，錢莊老闆結算這筆錢給農夫的兒子，共得一百六十七塊銀錢。

依此算來，這筆銀錢四十五年間靠利息增加了將近十七倍。

這便是脫離貧窮的第三大守則：動用每一分錢，讓它們像農田聚積作物一樣，輾轉生出利息，幫你帶來收入，使財富源源不絕流入你的荷包。

致富第四大守則
守護財富避免損失

阿卡德第四天對學生說：

災禍素來喜歡惹人注意。一個人若不看緊荷包，荷包裡的金子可能就流失了。因此我們應該把小額的金子儲存起來，守住它，直到老天賜我們更大的數目。

凡是擁有金子的人，都可能受到許多機會的試探，彷彿他可以藉由這些看似可行的投資機會賺到更多的錢。你的朋友和親戚往往極其渴望進行這類的投資，同時敦促你也加入。

在你借錢給任何人之前，最好確認一下借錢者的償債能力和信譽如何，免得你辛辛苦苦攢積的錢，成了白白送他的禮物。

在你借錢給別人做任何投資之前，你最好先透徹了解一下該項投資的風險如何。

我的第一筆投資，對我當時而言眞是一場悲劇。我守護了一年的積蓄，全拿給一位名叫阿茲慕的磚匠，他遠渡重洋到提爾城做生意，他答應要買些珍貴的腓尼基珠寶。等他回國，我們便可以變賣這些珠寶，平分價銀。焉知那些腓尼基人都是壞蛋，賣給阿茲慕的全是像煞珠寶的玻璃。我因此血本無歸。如今，我所受過的訓練，讓我一眼就看穿，委託磚匠去做珠寶生意是愚笨的事。

因此，我忠告你們記取我失敗的教訓：不要太信任你自己的智慧，而將財富投入投資陷阱。寧可與這方面經驗豐富的人多商量。你可以免費獲得這類忠告，且可能立即獲得與你原先設想的投資利潤相等的回報。事實上，這些忠告眞正的價值在於能保你免受損失。

這便是脫離貧窮的第四大守則，這項法則非常重要，它能使你鼓脹的荷包不致變空。守住你的財富，避免損失，只做安全的投資，或是做可以隨時取回資本的投資，或是不致收不到合理利息的投資。與智慧人商量。謹守智慧人教你的理財忠告。讓他們的智慧保守你的財富不致掉進不安全的投資。

致富第五大守則
尋找獲利性的投資

阿卡德第五天對學生說：

假如一個人撥出所得的十分之九去過活和享受人生，假如他能從這十分之九取出任何一分錢去投資，而不致損及生活品質的話，那麼他的財富成長的速度將會更快。

絕大部分巴比倫男人養家的擔子都很重。他們要付房租給地主，他們的妻子找不到可以種花愉悅自己的空間，孩子們也沒有地方遊戲，只能在骯髒的巷弄中玩耍。

如果能擁有一大片地，讓孩子們可以在乾淨的地上玩耍，太太們可以種種花，甚至種蔬菜供家人享用，這家人才能享受生活。男人都會很高興吃到自家種的無花果和葡萄。男人也都喜歡擁有自己的住處；一個他願意照顧的家，會使他感到自信，並且在所有的努力背後付出更多。因此，我建議每個人擁有自己的房子。

任何渴望擁有自己的家的人，不可能達不成這願望。我們偉大的國王不是一直將巴比倫的城牆向外推，所以城內現在有許多土地未使用嗎？你們可以用合理的價格購買這些土地。

我同時要告訴你們，經營貸款業務的錢莊，非常樂意你們去借錢買自己的房屋和土地。假如你能就購屋計畫提出合理的必要數目，你便能借到錢，支付興建你屋子的磚匠和建築商。

等房子蓋好時，你過去付給地主的房租，現在變成付給錢莊老闆。由於每一次你付些錢給錢莊老闆，你的債就少了一些，幾年之後這項債務便可還清。

那時你必然快樂，因爲你已擁有有價的財產，你唯一的負擔只剩下繳給國王的稅而已。

你的太太也將可常常到河邊洗漂亮的袍子，回程時順便帶一羊皮袋的水回家澆花和蔬菜。

這樣，擁有自己房子的男人便得著許多祝福。他的生活成本將大大降低，使他有更多餘錢可以享受其他人生樂趣，並滿足他的若干慾望。這便是脫離貧窮的第五大守則：擁有自己的房子。

致富第六大守則
保障未來生活無虞

阿卡德第六天教導學生：

每個人從小到老都得過生活。這便是人生的路，除非他年紀輕輕就蒙神寵召。因此，我說，每個人都得為自己將來老了的日子預備夠用的金錢，同時得為自己死後無法再養家時，預備夠用的錢給家人。這一課將教導同學，如何在比較不能賺錢時，仍能做到上述的預備。

因爲懂得理財之道而累積財富的人，應該爲將來設想。他應該做某些投資計畫或用途，以確保往後多年的經濟供應安全無虞，等老了，他就能用到這筆他早有預備的錢。

一個人用以確保將來生活無虞的方法很多。他可以找一個秘密的地方，暗自把財富埋藏在地裡。但是無論他用再怎麼高明的方式埋藏這些財富，終將被盜賊挖走。因此，我不建議大家採用這個方法。

他也可以買幾幢房子或土地準備養老。假如選對了將來有用和有價值的房地產，它們將永久保有其價值和利潤，或者能賣到好價錢，用來養老綽綽有餘。

他也可以把小額的錢寄存在錢莊，且定期增加寄放的數額。錢莊老闆加給的利息，將使這筆錢的本利和大大增加。我認識一位名叫安山的鞋匠，他告訴我，這八年來，他每週定期存兩塊銀錢在錢莊。錢莊老闆最近結算本利和給他，令他非常開心。他那些小額定期存款加上每四年二成五的利息，總共是一千零四十塊銀錢。

我很高興，便用我所知的算術進一步鼓勵他說，假如他繼續每週存放兩塊銀錢二十年，錢莊老闆將付給他四千塊銀錢，這些錢足敷他終生之用。

這樣長期的小額定期存款，固然必能獲得相當的報償，但是無論他現在的生意和投資有多興隆，沒有人經得起老來無靠，家人衣食無著。

我將進一步解說這一點。我相信，總有一天，有智慧的人將會設計出一套保險計畫，藉由許多人平常定期支付微不足道的錢，聚成大筆可觀之財，用來保障一個人死後他家人的生活。我認爲這是非常可取的計畫，我極力推薦。但是現今，這是不可能實行的，因爲這種計畫的（繳費）運作期必然會超過在座任何人或參與者的壽命。這計畫必須穩如國王的寶座。總有一天，我相信必有這樣的計畫出籠，造福世人，因爲即使起初只是一點小錢，到了家中有人過世時，這筆錢終將變成足敷全家使用的大錢。

但是，由於我們是生活在自己的時代，而非未來的時代，所以我們必須利用各種有利的方法達成養老的目標。因此，我建議大家盡力思考如何避免老年缺錢。因爲，口袋空空對一個已經沒有辦法賺錢的男人，或對無家長可賺錢養家的人而言，都是很悲慘的事。

這便是脫離貧窮的第六大守則，事先爲你年老時的生活和家人預做準備。

致富的第七大守則
增進你賺錢的能力

阿卡德第七天對學生說：

今天我要告訴你們，解決貧困最有效的方法。但是我談的不是關於黃金，而是關於在座各位本身的問題。我將告訴你們幾個在工作上或成功或失敗的人，他們怎麼想，怎麼過日。

不久之前，有個年輕人來向我借錢。我問他借錢做什麼，他抱怨他入不敷出。我便告訴他，這種情況顯示他是個償債能力很差的借款人，因爲他沒有餘錢可償還貸款。

我告訴他：「年輕人，你所需要的是去賺更多的錢。你如何增進自己賺錢的能力呢？」他回答：「我所能做的，只是兩個月內六度要求主人給我加薪。但是一直沒有成功。沒有人像我那樣勤快地向主人要求加薪。」

我們可能嘲笑他把事情弄得太簡單了，但是他確實擁有增加收入的關鍵條件，就是他內心強烈渴望賺更多的錢，這是正當且可取的願望。

想致富，必須先有這樣的渴望。你的願望必須非常強烈且明確。普普通通的願望不過是虛弱的念頭。一個人若只是想著但願能成爲富翁，這目標就太弱了。假如他渴望擁有五塊黃金，他可以實現這願望。在他想要五塊黃金的宿願得償，且守住這些金子之後，接下來他便能找到類似的方法獲得十塊黃金、二十塊，終至一千塊，看！這樣他已成爲富翁。他在學習達成小小的明確願望的過程中，已逐漸訓練自己獲得更多的財富了。這便是財富累積的過程：先由小額開始，賺回一些，最後能賺的更多。

慾望一定得簡單明瞭。慾望如果太多、太雜亂或超乎個人能力所及，必然達不成。

當一個人不斷提升自己的職業水準，他賺錢的能力也會跟著提高。當我還是個卑微的泥板刻寫員，每天只賺幾個銅錢時，我就觀察到其他同事刻得比我多件，薪水也比我高。因此，我決心要超越所有的同事。當時我也很快就發現其他人比較成功的原因。於是，我投入更多的興趣、專心和毅力在刻泥板上面，最後果然鮮少有人刻泥板的數量能多過我。當我因工作技巧變得敏捷，而獲得報償時，我再也不用六度要求主人確認我的工作能力了。

我們獲得的智慧越多，能賺的錢也越多。在自己的工作技能上多多學習的人，他所獲得的報償也就越多。假如他是個工匠，他可以向這同行中技藝最精湛的前輩學到許多技巧和方法。假如他是律法師或醫生，他可以向其他同行諮詢、交換心得。假如他是個商人，他可以不斷尋找成本低廉的好貨。

各行各業的人都不斷在改變和求進步，因爲熱心工作的人總是追求更好的技巧，以便爲他們賴以爲生的雇主做更好的服務。因此，我敦促所有同學走在進步的尖端，不要停滯不前，以免落伍。

有許多事情是有成功理財經驗者之所以富裕的關鍵。這些事情如下所述，一個人若自重的話，就應該做到以下幾件事：

盡一切能力償還債務，不購買自己能力所不及的物品。

有能力照料家人，讓家人一想到他、一提起他的時候，盡是讚賞。

預先立好遺囑，以備萬一蒙神寵召，他的財產能做適當的分配。

對遭受厄運打擊的困苦人具有憐憫心，適度地幫助他們。也爲自己的親人設想週到。

因此，脫離貧窮的第七個，也是最後一個守則：培養自身的賺錢能力，研究智慧，成爲擁有更多技巧的智者，同時表現出自重的行爲。如此一來，你將充滿自信，達成你縝密籌畫的致富願望。

以上就是我根據自己長久以來的成功生活經驗所整理出來的脫離貧窮七大守則，我敦促所有想致富的人這麼做。

同學們，巴比倫的金子比你們夢想中的還要多。這些黃金多得不可勝數，所有人來分也分不完。

儘管勇往直前，採行這些理財之道，你將像我一樣變得富裕。

儘管將這些理財之道教導其他人，讓國王的每個光榮百姓都能自由地分享到我們所愛之城的龐大財富。

遇見幸運之神

幸運女神眷顧的是付出行動的人。

「假如有一個人是幸運兒，你仍然無法預料他的幸運能延續到幾時。把他丟到幼發拉底河裡去，看他還會不會手裡抓著一顆珍珠游上岸來。」

巴比倫俗諺

全世界沒有人不期待自己是幸運兒。四千年前的巴比倫人心中這種渴望，與時下的現代人無異。我們都盼望受幸運之神的眷顧。但是，有沒有什麼途徑可以讓我們與她相遇，且不只是引起她的讚賞注意而已，更引起她慷慨地賜予財富呢？

有沒有任何途徑可以讓我們吸引好運上門呢？

這正是古巴比倫人希望知道的事，也是他們決心想找到答案的事。這些巴比倫人都是敏銳又精明的人，所以巴比倫能成為當時最富有且最強盛的城市。

在那樣遙遠的古代，他們沒有任何學校或大學。但是他們有一個學習中心，且是個非常務實的教學處所。巴比倫城內許多高聳入雲的建築中，犖犖大者當推國王的宮殿和多個空中花園，以及諸神的聖殿。但是你會發現，史書上鮮少記載巴比倫城裡的其中一幢建築，然而這幢建築卻大大影響那時代的思潮。

這幢建築就是巴比倫的學習院，在院裡有許多義務的教師闡述前人的智慧，而各種能引起大衆興趣的話題，也可以在學習院公開辯論。進入學習院的人，身分地位一律平等。最卑微的奴隸也可以和王公貴族子弟爭辯，不會受到刑罰。

經常造訪學習院的人當中，有一位是阿卡德。這位有智慧的富翁被稱爲全巴比倫最富有的人。他在學習院享有獨立的廳堂，幾乎每天晚上都有一大群人，大部分是中年人，聚集在阿卡德的廳堂裡辯論有趣的話題。假設我們正在場裡聆聽他們的辯論，且看他們是否知道如何吸引幸運之神眷顧。

這一天，太陽剛剛落下，彷彿一個大紅的火球閃爍在如海市蜃樓的沙漠中，阿卡德像往常一樣步上教學台階。這裡已擠滿了四十多人靜候阿卡德到來，他們斜倚在鋪地板的毯子上。後頭仍陸續有人進來。

阿卡德詢問：「今天晚上我們要討論什麼？」

眾人猶豫一下，一位身材魁梧的紡織匠按發言的慣例站起來，說道：「我有個話題，希望今天能在這裡聽到眾人的辯論，但是我猶豫著，不敢提出來，怕阿卡德和諸位朋友見笑。」

在阿卡德和眾人敦促下，他接著說：「今天我很幸運，因爲我撿到一袋裝滿黃金的錢包。我渴望這樣的幸運能繼續下去。我覺得一定有許多人跟我一樣渴望幸運常相隨，因此我建議我們討論如何找到一些方法吸引好運，以便讓好運常在你左右。」

阿卡德評論道：「這是個非常有趣的話題，值得大家討論。有些人相信，幸運乃隨機發生之事，就像意外一樣，可能無緣無故發生在某人身上。另一些人則相信，所有好運都是我們慷慨的幸運女神艾希妲所賜，她巴不得賜禮物給凡是取悅她的人。我的朋友們，請發表自己意見吧，各位認爲，該不該找一找方法，吸引幸運拜訪我們每一個人？」

「對！對！對極了！」越來越多人期待聽聽答案。

於是，阿卡德繼續說：「在開始討論之前，先聽聽我們當中有誰享受過類似紡織匠不勞而穫的經驗，請站起來談談這種未勞動即發現或得到可貴財富或珠寶的經驗。」

眾人面面相覷，鴉雀無聲，大家都期待有人站起來回答，但沒有任何人站起來。

阿卡德說：「怎麼，一個人也沒有？這麼說，這類幸運實在太罕見了。現在誰來指示我們該怎麼繼續進行我們的探討呢？」

一位身穿錦袍的年輕人站起來說：「我來。當一個人提到幸運時，他的思想不就自然而然轉到賭桌上了嗎？君不見有許多人在賭博時，百般討好幸運之神，期待她賜福，讓人贏錢？」

當這位年輕人坐下時，有人要求：「不要停！繼續說下去！告訴我們，你在賭桌上發現幸運女神的眷顧了嗎？她是否幫助你將骰子轉到一點紅那一面，使你的錢袋充滿從賭場莊家贏來的銀錢，或者她讓骰子轉到藍色的點數，使你輸光辛辛苦苦賺來的血汗錢？」

眾人善意地笑，年輕人跟著笑了笑說：「我眞是不得不說，幸運女神似乎連我去了賭場都不知道。但是你們其他人如何呢？你們發現她等在那兒，幫你搖出會贏錢的那一面骰子嗎？我們渴望聽到這類例證，以便好好學習。」

阿卡德插嘴說：「很有智慧的開始。我們來這裡，便是要討論各式各樣的問題。若把賭桌上的問題略過不談，可能太低估了大部分人喜歡碰運氣賭博的本能了，大部分人都喜歡以少量的銀錢贏得大筆的金子。」

另一位聽衆說：「這讓我想起昨天的賭戰車比賽。假如幸運女神經常在賭桌邊，她必定看得出來，賭鍍金戰車和汗流浹背的馬匹在競技場上的名次，遠比賭博刺激。阿卡德，請老實告訴我們，昨天幸運女神是否偷偷告訴你，賭尼尼微（亞述國首都）那群灰馬拉的戰車必定會贏？我昨天就站在你後面，我簡直不敢相信你把賭注下在那些灰色馬匹上面。你和我們大家都淸楚，任何一隊亞述國的戰車隊，都不能擊敗我們素來所愛的巴比倫紅棕色駿馬戰車隊。

「賽裡的黑馬到最後關頭會摔跤，干擾紅棕色駿馬的前進，而讓灰馬平白賺到勝利的機會。幸運女神是否在你耳邊輕聲細語，要你賭灰馬？」

阿卡德聽到這樣的嘲諷，放聲大笑說：「我們憑什麼認爲，幸運女神要對誰賭哪一匹馬感興趣呢？對我而言，她是個愛和尊貴的女神，她樂意救助任何困頓的人，賜福給凡配得救助的人。我希望遇見她，但不是想在往往輸多贏少的賭桌或賽馬場上遇見她，而是希望在其他更有意義的事上，更値得贏取報償的地方。

「也就是在耕種土地時，在誠實做生意時，以及在其他行業中。在這些事上，你藉著努力和交易，大有賺錢的機會。也許並非每次都能賺到錢，因爲可能盤算錯誤，有時可能遇到風浪和惡劣天候，徒然白費心血。但是，假如堅持下去，總可以盼到獲利的願望實現。這就是爲什麼獲利的機會老是眷顧他。

「但是，當一個人賭博時，情況則相反，獲利的機會經常背著他，卻順著賭場莊家。賭博總是莊家精心設計來爲自己贏錢的工具，那是他賴以養生的職業，他處心積慮要贏得賭客下注的銀錢。鮮少有賭客知道莊家贏錢的機率有多高，更不知道他們自己輸錢的機會有多高。

「想想我們爲骰子下注的情況。每次擲骰子時，我們都是在賭骰子會擲出幾點。假如是紅心一點，莊家就必須支付我們賭注的四倍價銀。但是假如擲出的是其他五面的點數，則我們便輸掉賭注。依此算來，我們每次擲骰子時，總有五個機會可能會輸，但是因爲紅心一點會贏得四倍的賭注，因此我們有四個機會贏錢。一整夜賭下來，莊家可以預期，他將贏得所有賭注的五分之一。在這種賭客註定輸掉五分之一賭注的安排之下，賭客能期待自己違背這樣的命運而贏錢嗎？」

其中一個聽者說：「但是有時候還是有人贏得一大筆錢啊！」

阿卡德繼續說：「確實有些賭客會贏。但我倒認爲，問題在於，用這種方法穩固財富，是否能帶給有賭運的人永久的財富。在巴比倫，我所認識的成功的人當中，沒有一個人是靠賭博起家的。

「今晚聚集在這裡的人，比我認識更多的巴比倫人。我很想知道，有多少成功的巴比倫人是利用賭桌邁向成功的。假如你們認識這樣的人，請提出來。」

衆人安靜了許久，一位平日愛說笑的人貿然問道：「你這個問題包括賭場莊家嗎？」

阿卡德回答：「假如你們想不起有任何人靠賭博起家，假如你們沒有人想得到這類例子，何不談談你們自己？我們當中有誰經常賭博贏錢，卻猶豫不敢告訴大家如何致富的嗎？」

阿卡德發出此一挑戰之後，全班嘩然，哄堂大笑。

阿卡德繼續說道：「顯然大家不會往幸運女神時常造訪的這些地方尋找好運。

因此，讓我們探索其他領域吧！我們尚未發現有撿到遺失錢包的運氣，也未在賭桌上發現好運。至於賽馬，我必須承認我輸掉的錢遠多於我贏的錢。

「現在，請想想各人自己的行業。假如我們說，我們從工作所賺到的錢，乃是我們的辛勤努力所得到的合理報償，這不是挺自然的結論嗎？我覺得，我們可能低估了幸運女神給我們的恩賜。也許她確實幫助著我們，而我們卻不領情。還有誰要進一步發言的？」

有一位年長的商人站起來，撫順他那件紳士派頭十足的白袍，說道：「最尊貴的阿卡德和諸位朋友們，承蒙你們允許，我提出我的看法。假若事情眞如阿卡德所說的，我們在自己的行業裡小有成功，是我們自己出了力，那麼何不談談我們幾乎得手，卻失之交臂的獲得巨利的成功機會。假如這些機會眞的實現，那將是罕見的好運；但由於這些機會最後並未實現，因此不能說我們得著合理的報償。相信在座有許多人一定遇過類似的經驗。」

阿卡德贊同：「這是很好的討論方向。你們當中有誰幾乎得著好運，卻又眼睜睜看著它溜掉的？」

許多人舉手，包括剛才發言那位商人。阿卡德轉向他說：「就照你所提的討論方向談起，我們想先聽聽你的意見。」

商人說：「我很願意講一個故事，看一個人多麼接近好運，卻盲目地讓它溜掉，以致喪失機會，後悔莫及……

……許多年前，我還是個年輕小伙子，剛結婚，正準備要好好賺錢。有一天我父親來，極力敦促我做某項投資。我一位世伯的兒子注意到，在距離巴比倫城外廓不遠處，有一塊寬闊的不毛之地。由於這塊地高過運河，水氾侵襲不到。

我世伯的兒子計畫買下這塊地，興建三座大型的風車，找牛來拖，以引水到肥沃之地。等這些風車落成以後，他計畫將這塊地分成若干小塊，賣給城裡耕種旱田的農夫。

我世伯的兒子並沒有足夠的金子可以完成這樣大的計畫。他和我一樣，只是個拿固定薪水的年輕人。他父親和我父親一樣，出身於並不富裕的大家庭。因此他決定找一些對此有興趣的人共同參與這計畫。最後共找到十二個人，每個人都有固定的工作，且同意拿出十分之一的薪水投資，直到這塊土地整建好了可以出售爲止。屆時所有人將平分到這項投資所獲得的利潤。

所以我父親對我說：「兒子啊，你現在正年輕。我深盼你能開始建立自己的財富，好使你成爲受敬重的人。我希望看到你從我的失敗經驗中學到功課。」

我回答說：「父親，這也是我最熱切的願望。」

我父親說：「這樣，我要忠告你，做我年輕時該做的事情。從你的薪水中拿出十分之一，做有利的投資。這十分之一的錢加上它所賺的利息，將使你在我這年紀之前，就聚積可觀的財富。」

「父親，你的話充滿智慧。我非常希望變得富有。但是我的開銷多，因此對你的忠告感到很猶豫。反正我還年輕，多的是時間。」

父親說：「我在你那年紀時，也是這麼想，看，這麼多年過去了，我仍舊沒有開始踏上致富之路。」

「爸爸，我們活在不同的時代。我該避免錯誤。」

「兒子啊，機會就在你面前。這是個可能引向富裕的機會。我求你不要延遲。明天早上就去找世伯的兒子，與他商量支付你十分之一的薪水，加入他的計畫。明天一早就趕快去。機會是不等人的。今天還在，明天就溜走了。因此，不要遲延！」

儘管我父親這樣忠告，我還是猶豫不決。當時我剛向東方來的貿易商買了幾件漂亮的新袍，那些衣服太漂亮了，我和我妻子都覺得我們應該各擁有一件。要是我那時同意拿出十分之一的薪水去投資，我們就得捨棄這些漂亮的衣服和其他生活樂趣。我老是做不了決定，最後已太遲，令我後悔至今。因爲後來那項投資計畫獲得的利潤比任何人所能預料的更豐厚。這便是我的故事，可見我是怎麼讓幸運溜掉的。

一名長得黝黑的沙漠壯漢評論道：「從這個故事，我們也可以看出好運怎麼臨到『接受機會的人』。想建立財富一定得有個開始。剛開始，你也許只能從薪水中拿出一點銀錢或金子，去做第一筆投資。我自己擁有許多牛群和羊群。我的畜群開始於我還是個小男孩的時候，我用一個銀錢買了一隻小牛犢。這隻牛犢便成了我日後財富的開端，牠對我而言是非常重要的。

「跨出了建立財富的第一步，就相當於遇上了好運。對每個人來說，這第一步都非常重要，它能讓人從靠勞力賺錢，變成靠儲蓄的紅利過活。有些人很幸運，從年輕時就跨出第一步了，因此在財富上的成功勝過那些較晚起步的人，或從不曾起步的不幸者，例如這位商人的父親。

「要是這位經商的朋友早年遇到機會時就跨出第一步的話，今天他可能擁有更多的好東西。如果撿到滿袋金子的那位紡織匠朋友，能以此好運跨出類似的步伐，那麼這將會是他攢積更多錢財的開端。」

來自外國的一位陌生人站起來說：「謝謝你們！我也想發表一下意見。我是敍利亞人。我的巴比倫話說得不好。我想用一個詞來稱呼剛才這位商人。也許你們覺得我這樣說很不禮貌。但是我就是想這樣形容他。但是，唉，我不知道這詞的巴比倫話怎麼說。因此懇請諸位仁兄告訴我，要形容一個人延宕了可能對他有利的事，巴比倫話怎麼講？」

有一個人回答說：「耽誤。」

這位敍利亞人手舞足蹈，興奮地叫道：「對啦。臨到他的機會，他沒有掌握。他守株待兎。他說，我現在還有其他好多事情要忙。我告訴你們，機會是不等慢郎中的。幸運之神認爲，假如一個人渴望得著幸運的話，他會馬上行動。遇到機會不馬上行動的任何人，就像我們這位經商的朋友一樣，是個超級的耽誤高手。」

衆人哄堂大笑，這位商人站起來，善意地鞠個躬說：「我謹向這位陌生的來賓致敬，您的話眞是一針見血。」

阿卡德要求：「現在，我們要聽一聽其他有關機會的故事。有沒有人有別的經驗？」一位穿紅袍的中年人回答：

我有。我是個做收購畜類生意的買主，大部分買駱駝和馬匹，有時也買些綿羊和山羊。我要講的故事是，有一天晚上我想都沒想到機會眞的臨到我。也許正因爲出乎意料，所以我居然讓機會溜走。從故事中你們將鑑察出我是怎麼讓機會溜掉的。

話說我花了十天時間，四處尋購駱駝不著，十分氣餒地回城時，發現城門已經門上鎖了，我非常生氣。我的奴僕只好支搭帳篷，準備在城外過夜，我們只依靠少量的食物，城外根本沒有水，這時來了一位老農夫，他跟我們一樣被鎖在城門外面。

這位農夫對我說：「大老爺啊，從你的外表看來，我敢說你必定是個做生意的買主。假如眞是如此，我很樂意把已經趕聚在一起的上好綿羊群賣給你。唉！我太太生了嚴重的熱病。我必須趕緊回去。你若買了我的羊群，我和我的奴僕就可以騎著駱駝，速速趕回家。」由於天色黑暗，我看不見他的羊群，但是從羊的叫聲聽起來，我知道這些羊必定很大群。我已經費了十天的功夫收購不到駱駝，所以我很樂意和這位農夫交易。他在焦急中出了個合理的價錢，我接受了。我知道我僕人明早就會驅趕羊群穿過城門，脫手賣得好價格。

這項交易敲定之後，我叫僕人點火炬，計算這群羊的數目，農夫說這群羊有九百隻。我不想向你們嘮叨，說要算出那群口渴、擾攘不安、團團亂轉的羊總共有多隻是多麼困難的事。後來果然證明，根本不可能算出這群羊的總數。因此，我率直地告訴農夫，我要等天亮了再算清楚羊的數目，然後付他錢。農夫央求：「拜託，老爺啊！請今晚就預付我三分之二的銀價吧，我好趕路回家。我會把我最聰明能幹的奴僕留下來，明兒個一早幫助你數算羊群的數目。這位奴僕很值得信賴，到時候你可以將餘款付給他。」但是我非常固執，拒絕當晚預先支付任何價銀。第二天早上等我醒來，城門開了，四個畜類買主衝出城來尋購羊群。由於城裡發生災難，糧食所剩不多，他們極其渴望且願意以高價買下羊群。他們出的價錢幾乎是農夫昨夜所出的三倍。所以，這眞是個天上掉下來的罕有良機，我卻讓它溜掉了。

阿卡德評論道：「這個故事非常不尋常，這給了我們什麼樣的智慧啓示呢？」

一位受敬重的馬鞍匠說：「這故事告訴我們，假如我們相信自己所做的交易是明智的，就應該立即付錢。假如這項交易眞是好，你就有必要保守它不受自己和他人的軟弱影響。人總是善變的。唉！我不得不說，人做對了卻又改變心意的例子，往往多過做錯之時改變心意的例子。我們往往在做錯事情的時候，反而執迷不悟；做對了時，卻游移不定，白白讓機會溜走。就我而言，我的第一個判斷往往是最好的判斷。但是我經常發現，很難驅策自己在敲定一項好的交易之後，繼續往前進。

因此，爲了防範我的軟弱，我會趕快付錢。這樣我才不至於後悔，沒有好好把握運氣。」

那位敍利亞人再度站起來說：「謝謝各位！我要再次發言。以上這些故事都很類似。機會總是因爲同樣的原因而消逝。每當機會臨到拖延的人時，它總是帶來好的計畫。每一次當事人總是猶豫不決，不對自己說現在正是時候，我要馬上把握。那麼如何才能成功掌握機會呢？」

經營畜類生意的商人說：「我的朋友，你的話很有智慧。這些故事全都說明，機會向著易拖延的人總是一閃即逝。但這不是罕見的例子。每個人都有因循拖延的毛病。我們渴望變得富有，卻經常在機會來臨時，冒出拖延的毛病，找各種理由拖延接受機會。聽了這些之後，我發覺我們已成了自己的敵人了。

「我年輕的時候，未曾體會這位敍利亞人所說的這些話。起初我以爲是自己的判斷力差，才使我丟失許多有利的貿易機會。後來，我歸咎於自己固執的個性。最後我才發現，問題出在我那要不得的拖延習性，我往往未能馬上採取關鍵性的行動。我眞是憎恨顯露出這樣的性格。彷彿駕著顚狂驢子拉的戰車，令我感到痛苦，於是我拚命掙脫這個阻撓我成功的敵人。」

敍利亞人說：「謝謝你！我想問商人先生一個問題。你穿著錦衣，不像那些窮人。你的談吐像個成功的人。請告訴我們，當拖延這毛病在耳邊竊竊私語時，你是否會聽從這些聲音？」

商人回答：「就像那位畜類買主，我也必須承認及克服自己的拖延惡習。對我而言，這眞是個敵人，不停地盯著我，隨時等著阻撓我的成就。我所說的故事，只是許多事例之一，而這些事，拖延總是把我的機會趕走。一旦了解自己拖延的毛病，就不難去克服。沒有人願意讓竊賊偷走穀糧，也沒有任何人願意讓敵人奪走他的客戶和利潤。當我確實了解，這類延遲的行徑彷彿我的敵人在作祟時，我便毅然決然克服它。每一個人都應該如此，在他期待分享巴比倫豐富的財寶之前，他必須控制自己容易拖延的毛病。

「阿卡德，你認爲呢？由於你是巴比倫最有錢的富翁，許多人都說你是最幸運的人。你同意我的看法嗎？除非完全破除個人拖延的毛病，否則不能獲致全面的成功。」

阿卡德承認：「你說得很中肯。我這一生見到代代都有人才輩出，有許多人在貿易、科學、教育方面獲致成功。機會均臨到這些人。有些人抓住機會，堅定地向他們心中最深的願望邁進，但是大部分的人則是猶豫不決、畏縮退卻，終致落伍。」

阿卡德轉向紡織匠：「你建議我們討論有關幸運的話題。讓我們聽聽你此刻對這題目的想法。」

紡織匠說：「我對幸運有不同的看法。我曾以為，幸運可能是每個人最想遇到的不勞而獲之事。現在，我卻領悟到，這種事情並不吸引人。從我們的討論中，我已經明白，若要吸引幸運上身，就必須善用機會。因此，未來我將努力在機會臨到時，好好把握機會。」

阿卡德回答：「你已經明白我們在討論中提出的一些眞理。我們的確發現幸運經常尾隨機會而至，除此之外，幸運鮮少以別的方式出現。我們這位商人朋友要是當初接受了幸運女神賜給他的良機，他可能已經發現絕佳的好運。同樣的，這位畜類買主當初若買斷這群羊，並以高價脫手，今天他也已享受到好運了。

「藉由這次討論，我們探索了吸引幸運上門的途徑。我覺得我們已經找到一些途徑。以上兩則故事均透露出幸運如何隨機會而至。無論故事的主人翁究竟有沒有得著好運，這些故事都隱含一個不變的眞理，那就是我們可以藉由接受機會而吸引好運上門。

「渴望抓住機會致富的人，必會吸引幸運女神的眷顧。她一直巴不得援助那些討她歡心的人。行動派的人最能討她歡心。

「行動將引導你邁向你所渴望的成功。」

幸運女神眷顧的是付出行動的人。

運用黃金的五大定律

「我將繼續訴說我的故事，稱頌這些定律的價值遠勝過黃金。」

「假如你有機會做選擇，你會選擇裝滿黃金的錢袋，或是刻著智慧話語的泥板？」

一張張被沙漠炙烈艷陽曬得像古銅般的臉龐，津津有味地聽著。

這二十七個人齊聲回答：「黃金，黃金！」

老卡拉巴伯發出會心的微笑。

卡拉巴伯舉著手說：「聽啊，你們聽夜裡外頭的野狗叫聲。牠們因為飢餓而狂吠吼叫。但是牠們吃飽了之後做什麼呢？打架，或是昂首闊步地走。接著再打架，再更昂首闊步地走，完全未想到牠們是否還能活到明天早上。

「人類也是這樣。讓人選擇黃金或智慧——他們會怎麼做呢？忽視智慧，並且浪擲黃金。第二天一早，他們便哀哭切齒，因為他們再也沒有黃金。黃金只為那些知道並遵行黃金定律的人而留存。」

這樣的寒夜，忽地吹來一股冷風，卡拉巴伯隨手將身上的白袍子拉緊一點。卡拉巴伯繼續說道：「因為你們在這樣長途的旅行中，忠心地服侍我，又將我的駱駝照顧得妥貼，你們任勞任怨與我一同走過炎熱的沙漠，又勇敢地抵禦企圖掠奪我貨品的強盜，所以我今晚要告訴你們一個有關黃金五大定律的故事，這樣的故事保證你們從來沒有聽過。

「聽哪！注意聽我所說的，因爲假如你們明瞭其中的眞諦，並且時刻留意，未來你們將擁有許多的黃金。」

卡拉巴伯莊嚴地停了一下。巴比倫暗藍清澈的穹蒼星光熠熠，照耀著這群主僕背後的帳篷，這些帳篷牢牢地紮在地上，以防範可能來襲的沙漠暴風雨。帳篷旁邊盡是一捆捆紮好的貨物，貨物上面蓋著獸皮。附近還有駱駝群散布在沙地上，有些駱駝正滿足地在一旁反芻，有的則鼾聲此起彼落。

包紮貨品的工頭發言：「卡拉巴伯，你已經告訴我許多故事。我們盼望在結束與你的雇工合約之後，能倚靠你的智慧過日子。」

卡拉巴伯說：「我已經告訴你們關於我在陌生遙遠國度的冒險經歷，但是，今晚我要告訴你們有關最聰明的富翁阿卡德的故事。」

工頭說：「我們聽過許多有關他的事情，因爲他是全巴比倫有史以來最有錢的人。」卡拉巴伯說：「他確實是最有錢的人，那是因爲他深諳掌握黃金的方法，從來沒有人比他更懂此道。今晚我要告訴你們的故事，是阿卡德的兒子諾馬希爾告訴我的，那是許多年前當我還只是個少年的時候，在尼尼微聽來的。」他說：

當時，我主人和我，在諾馬希爾如宮殿般的豪宅內滯留到深夜。我幫我的主人帶了許多捆絕佳的地毯，讓諾馬希爾試試每一款的顏色，務必要讓他滿意。最後他非常滿意，並建議我們與他坐下來，喝杯罕有香醇的瓊漿玉液，暖一暖胃，這樣的款待是不常有的。

那時，諾馬希爾便告訴我們有關他父親阿卡德的智慧，就是我現在要告訴你們的。

依巴比倫的習俗，你們都知道，富家子弟總是得與父母同住，以便繼承財產。阿卡德不贊成這樣的習俗。因此當諾馬希爾成年時，阿卡德便召喚諾馬希爾到跟前，訓誡他說：

「我兒啊，我渴望你能繼承我的遺產。但是你首先必須證明你有智慧能力可以管理這些遺產。因此我希望你到外面的世界去闖闖看，顯示你賺取黃金和贏得眾人尊敬的能力。

「爲了讓你有好的開始，我給你兩件東西，我當年白手起家時可沒有它們。「第一個我給你的是一袋黃金。假如你能妥善運用這些黃金，這將是你未來成功的基礎。

「第二個我要給你這塊泥板，上面刻著掌握黃金的五大定律。假如你以行動闡明這些定律，這些定律將爲你帶來相當的資產和安全感。

「從今天算起十年之後，你必須回你父親的家，清點你在外頭所賺到的資產。假如你證明你配得，我將立你爲繼承人。否則，我將把遺產交給祭司們，好讓他們懇求諸神安慰我的靈魂。」

於是，諾馬希爾帶著這一袋黃金，以及用絲綢小心翼翼包裹好的泥板，騎著馬出門闖天下。

十年之後，諾馬希爾按照與父親的約定回家，他父親擺設豐盛的宴席迎接他，並且邀請了許多親友。宴席結束後，阿卡德夫婦登上大廳旁如同國王寶座似的座位，諾馬希爾站在他們前面，按著他答應父親的允諾，清點他在外頭賺來的資產。

這時天色已暗。房間裡滿是從昏暗油燈的蕊心飄出的煙霧。穿著白色外袍的奴隷，用棕櫚葉煽開這些煙霧。整個場面充滿尊貴的氣息。諾馬希爾的妻子和兩個年幼的兒子，還有阿卡德家的親友，都坐在諾馬希爾的蓆子後面，渴望聽他講述這些年在外的經歷。

諾馬希爾開始恭敬地娓娓道來：

父親，我在您的智慧面前鞠躬。十年前當我成年時，您要我出去闖天下，做個人中人，而不是留在家直接繼承遺產。

您慷慨給我一袋黃金和您的智慧。說到那一袋黃金，唉！我必須承認我處理得極糟。事實上，這些黃金全部從我毫無經驗的手中溜光了，彷彿一隻野兔從初次逮住牠的青年手中逃逸。

阿卡德寬容地笑一笑說：「繼續說，我兒，你的故事鉅細靡遺我都有興趣聽。」

諾馬希爾說：

我一出門便決定去尼尼微，因爲這是個新興的城市，我相信或許可以在那裡碰一碰運氣。我加入一個沙漠旅行商隊，在隊中交了些朋友。其中有兩位能說善道的朋友擁有一匹非常漂亮的白駒，奔跑的速度像風一樣快。

這兩位朋友在旅程中告訴我，尼尼微有個富翁擁有一匹神駒，沒有任何一隻馬能跑贏牠。這匹神駒的主人相信，這世上再也沒有任何馬匹跑得比牠快。因此他打賭，全巴比倫任何馬匹若能擊敗他的神駒，他願意付任何價錢的賭注。這兩位朋友信心十足地說，與他們的馬比起來，尼尼微那匹馬不過是隻蠢材，輕易即可打敗。

他們大方地邀我跟著下賭注。我對這個計畫有些神往。

結果我們的馬慘敗，我損失了許多黃金。

阿卡德笑了笑。諾馬希爾繼續說：

後來我發現這兩個人是騙子，經常混在旅行商隊中尋找下手的對象。而在尼尼微的那個人則是他們的同夥，三人共分騙來的賭注。這個狡猾的奸計教了我闖天下的第一課。

我立刻又學了另一個更悽慘的功課。旅行商隊中有另一位年輕人和我成爲鑾要好的朋友。他和我一樣都是富家子弟，想到尼尼微找個合適的安頓處。在我們抵達前不久，他告訴我有個商人過世了，他那間商品繁多和主顧也多的店面只需要一點錢就可以頂讓過來。他建議我們合夥買下這間店，但是他必須先回巴比倫去拿金子，所以他要我先用我的黃金去付，我答應讓他稍後再用他的黃金共同經營我們的事業。

這位朋友一回巴比倫就久久不見蹤影，後來又證明，他是個蹩腳的金主，又是個浪擲金錢的蠢蛋。最後我下逐客令，但是這時我們合開的店已惡化到只剩下賣不出去的貨品，且沒有金子可以添購新貨。於是我只好以極低的價格將店面賣給一位以色列人。

父親啊，我接下來的日子還是很悽慘。我到處找工作，卻找不著，因爲我沒有受過任何職業訓練。於是我賣掉我的幾匹馬，接著賣掉奴隸、額外的錦衣玉袍，以便換取食物和可安歇的地方，但是每天的生活開銷越來越拮据。但是在那些苦日子中，我惦念著父親對我的信心。您要我做個人中豪傑，我決心要達成這個目標。

聽到這兒，諾馬希爾的母親蒙著臉輕輕低泣。

這時我想起您給我的泥板，上面還刻有使用黃金的五大定律。於是我仔細地唸您的這些智慧，我才知道要是我先讀這些定律，就不致於損失所有的黃金了。我專心地搞懂每一條定律，並且決心再次吸引幸運女神的眷顧，我要服膺年長者的智慧訓誨，不再倚靠年輕人的毫無經驗。

為了今晚在座的各位著想，我要宣讀我父親十年前刻在泥板上給我的智慧：

運用黃金的五大定律

一、凡把所得的十分之一或更多的黃金儲存起來，用在自己和家庭之未來的人，黃金將樂意進他家門，且快速增加。

二、凡發現了以黃金為獲利工具且善加利用的聰明主人，黃金將殷勤且甘心地爲他工作，而且獲利的速度甚至比田地的出產高出好幾倍。

三、凡謹愼保護黃金，且依聰明人的意見好好兒使用黃金的人，黃金會乖乖待在他手裡。

四、在自己不熟悉的行業上投資，或是在投資老手所不贊成的用途上進行投資的人，都將使黃金溜走。

五、凡將黃金運用在不可能的利得上，以及凡聽從騙子誘人的建議，或憑自己毫無經驗和天眞的投資概念而付出黃金的人，將使黃金一去不回。

這便是我父親刻給我的運用黃金的五大定律。我將繼續訴說我的故事，稱頌這些定律的價値勝過黃金。

他再次面向他父親，說：

我剛剛描述由於我缺乏經驗，以致生活極其窮苦潦倒。

但是，一連串的災難總不致於沒完沒了。我好不容易找到一份工作，管理一群爲城牆建造外廓的奴隸。

由於明白了運用黃金的第一定律，於是我從第一份薪水中存下一塊銅板，並且抓住每個儲蓄的機會繼續存，直到銅板聚成一塊銀錢。由於還得支付日常生活費用，因此我存錢的速度非常緩慢。我承認我花錢非常小氣，因爲我決心在十年內賺回我父親給的那一筆金子。

有一天，和我成爲朋友的奴隸領袖告訴我：「你是個非常簡樸的年輕人，從不荒唐花錢。你可存有非自己賺來的黃金？」

我回答，是的，我最大的渴望就是攢積黃金，以彌補我父親給我卻被我浪擲掉的那一筆。」

他說：「這可是雄心壯志，我支持你。你可知道你儲存下來的黃金可以爲你賺更多的黃金？」

我說：「唉！我曾有過非常悽慘的經驗，以致我父親給我的黃金全部散光了，我很怕會重蹈覆轍。」

他說：「假如你對我有信心，我將教你如何靠黃金獲利。不出一年，城牆的外廓就會完工，到時候城四週的出入口將需要許多銅門，以防範敵人入侵。全尼尼微的金屬還不夠做這些銅門，國王還沒有想到如何供應這需求。我的計畫是：找一群人，湊攏個人所存的黃金，派一支沙漠商隊到遠方產銅和鋅的礦場去，帶些金屬回來，以備尼尼微建城門之用。等國王下令造各個城門時，我們便可以壟斷金屬的供應，國王必定以高價收購。假如國王不願意向我們買金屬，我們還是擁有能賣得合理價格的金屬。」

我覺得，他所說的不失爲遵守第三條黃金定律的好機會，也就是依智慧人的指導進行投資。結果，果然沒讓我失望。我們的合資非常成功，我那一小撮黃金，藉著輾轉交易大大地增加。

同時，我也成爲這一小群人其他事業的合夥人；他們個個深諳理財之道。在進行任何投資計畫之前，他們都會非常謹愼地討論。他們絕不會冒然投機弄得血本無歸，或者把錢押注在無獲利性的投資上面以致被套牢。像我過去被騙花錢去賭賽馬，或進行毫無經驗的投資之類的愚昧事，他們必定會認爲我欠缺考慮。他們會立即指出這些投資計畫的弱點。

與這些人來往之後，我學會以安全的理財方式增進利潤。年復一年，我的財富快速地累積。最後不只賺回我損失的那些黃金，且超出許多。

經過不幸、試煉和成功之後，我再次證明，我父親傳授給我的運用黃金五大定律是眞確的，通得過所有考驗。不懂這五大定律的人，他的黃金總是來得慢，去得快。但是遵守這五大定律的人，黃金將滾滾而進，且做他忠心的奴隸。

諾馬希爾就此打住，召喚屋子後頭的奴隸將三只重重的皮囊帶進來。諾馬希爾拿起其中一個皮囊，放在他父親跟前，繼續說道：

您給了我一袋巴比倫的黃金。看啊！如今我還給您一袋同量的尼尼微黃金。大家都同意，這是個等量的交換。

您給了我一塊刻著智慧話語的泥板。看啊！我因此又多賺了兩袋黃金。」

諾馬希爾一面說，一面從奴隸手中取了那兩袋黃金，同樣放在他父親跟前。

「父親，我以此向你證明，我看重你的智慧勝於你的黃金。人能數算黃金的價值，但是誰算得出智慧的價值呢？沒有智慧，擁有黃金的人將很快散盡，但是擁有理財智慧的人，即使沒有黃金，最後也能穩固地持有黃金。這三袋黃金便是明證。

「父親，能站在您面前訴說，您的智慧使我終於成爲一個富有且受敬重的人，這實在令我感到無比滿足。」

阿卡德眷愛地用手摸摸諾馬希爾的頭說：「你已經把這些功課學得很好，我眞幸運，能有這樣一個兒子可以繼承我的財產。」

卡拉巴伯就此打住，帶著要求的神色看著這群聆聽他說故事的奴僕們。他繼續說：

諾馬希爾的故事給了你們什麼啓示呢？

你們中間，有誰能向你們的父親或岳父尋求理財的智慧呢？你們尊貴的父親和岳父們必定認爲，你們會說：「我行遍天下，學會許多東西，也辛勤賺過許多錢，但是，唉！一提到金子，我就是缺缺。有些金子我花得很明智，有些則花得很愚昧，但其中大部分金子都因爲不明智的理財方式而損失。」

你們仍認爲，有些人擁有黃金，有些人則否，那全是每個人的際遇不同所致嗎？那就錯了！

當一個人懂得了運用黃金的定律，且遵行不渝，他便能擁有許多黃金。因爲我年輕時就學會這五大定律，所以我現在已是個富有的商人。我不是靠其他什麼神奇的魔術累積財富的。

來得快的財富，去得也快。

財富留存到能爲自己帶來享受和滿足，是很漫長的一條路，因爲財富是知識和執著的結晶。

對深思熟慮的人而言，攢積財富不過是個輕鬆的負擔。年復一年始終不渝地背負這個擔子，就能達成最後的目標。

這五大定律能賜給實踐者豐富的報償。

每一條定律都饒富意義，爲了避免你不重視我的故事，我要再重述一遍這五條定律。我打從心底了解每一條定律，因爲我年輕時便見識到它們的價值。但是一直到我完全透徹了解了，我才眞正感到滿足。

運用黃金的第一條定律

凡把所得的十分之一或更多的黃金儲存起來，用在自己和家庭之未來的人，黃金將樂意進他家門，且快速增加。

任何人只要貫徹儲存十分之一所得的做法，且明智地做投資，必能創造可觀的財產，確保自己將來仍有進帳，並進一步確保自己死後家人的生活無虞。這一條定律保證黃金會樂意進這種人的家門。我自己的一生便已證實這一點。我攢積的錢財愈多，源源不絕進來的錢也愈多。我所儲存的金子賺得（孳息）越多，那些錢子錢孫也跟著賺更多進來。這便是第一條守則運作的原理。

運用黃金的第二條定律

凡發現了以黃金爲獲利工具且善加利用的聰明主人，黃金將殷勤且甘心地爲他工作，而且獲利的速度甚至比田地的出產高出好幾倍。

黃金確實是個樂意爲你工作的奴僕。它渴望在機會來臨時替你多賺幾倍的黃金回來。對每一個存有黃金的人而言，機會便能發揮最有利可圖的用處。隨著時光推移，這些黃金將以令人驚訝的方式增加。

運用黃金第三條定律

凡謹愼保護黃金，且依聰明人的意見好好兒使用黃金的人，黃金會乖乖待在他手裡。

黃金會緊緊跟隨著審愼操持它的主人，而迅速逃離漫不經心的主人。向有理財智慧和經驗者尋求忠告的人，不會讓自己的財富陷入危險，卻可確保資產的安全，並且享受財富不斷增加的滿足感。

運用黃金第四條守則

在自己不熟悉的行業上投資，或是在投資老手所不贊成的用途上進行投資的人，都將使黃金溜走。

對擁有黃金但不會使用的人而言，許多用法看起來好像都很有利。其實其中充滿損失的危險，假若讓智者分析，他們必能判斷出有些投資只有很小的獲利性。因此，沒有理財經驗的黃金主人若信賴自己的判斷，把錢投資在他不熟悉的生意或用途上，他往往會發現自己的判斷並不好，而賠上自己的財富。依照投資高手的忠告而進行投資的人，才是聰明的人。

運用黃金第五條定律

凡將黃金運用在不可能的利得上，以及凡聽從騙子誘人的建議，或憑自己毫無

經驗和天眞的投資概念而付出黃金的人，將使黃金一去不回。

初次擁有黃金的人，經常會遇到像冒險故事一樣迷人又刺激的投資建議。這些建議彷彿能賦予財富神奇的力量，似乎可賺進超乎常理的利潤。但是要當心，有智慧的人確實知道，每一個能讓人一夕之間即成爲暴發户的投資計畫，背後可能隱藏著危險。

別忘了，尼尼微那一群富翁絕不會冒然投機，以致損失資產，或將錢押注在沒有獲利性的投資中，以致被套牢。

有關運用黃金五大定律的故事講完了。在我講述這些故事的同時，我已透露我自己成功的秘訣。

但是，這些不是秘訣，而是每個人都必須學會並遵行的眞理。學會之後，便不必再像野地的狗每天必須爲飲食擔憂。

明天，我們將進入巴比倫。看！貝爾神殿頂上永不熄滅的火！遍地黃金的巴比倫城已經在望。明天，你們每一個人都將擁有黃金，那是你們辛勤服侍我而應得的工資。

從今晚開始算起的十年後，你們手中的這些黃金會有怎樣的變化呢？

假如你們中間有像諾馬希爾的人，運用一部分的黃金開始致富，同時明智地恪遵阿卡德的理財忠告，此後十年會是一場安全的賭博。這樣的人將像阿卡德的兒子一樣，變得富有且受人敬重。

這類明智的行動必將伴隨我們一生，給我們滿足和幫助。而不智的行動將帶來災厄和煎熬。你們可不要忘記這些定律啊！那些煎熬中最令人痛苦的，是我們該抓住機會卻未抓住的懊悔回憶，不斷縈繞腦海。

巴比倫多的是財富，沒有人能算出其黃金的總值。但是巴比倫人一年年下來，變得更加富有、更有價值。就像每塊田地的財富一樣，它們是一種報償，等著要賜給那些渴望固守合理財富的人。

你自己的慾望中，有一種神奇的力量。請以黃金五大定律的知識引導這種內在的神奇力量，你將分享到巴比倫的財富。

錢莊老板的建議

你可以幫助朋友，但是不能把朋友的負擔加在自己身上。

五十塊黃金！巴比倫矛匠羅當的皮囊裡從未裝過這麼多的黃金。他昂首闊步，開心地邁向巴比倫王宮殿外的大馬路。每一個步伐都惹得皮囊裡的金子叮噹作響，這是羅當聽過的最美妙的音樂。

五十塊黃金！全是他的呢！他簡直無法理解自己的幸運。這些金子到底含有什麼力量？它們可用來購買羅當想要的任何東西，一幢豪宅、一塊土地、一群牛、駱駝、馬，或戰車，任何他想要的都行。

他該怎麼用這些黃金呢？晚上，當他轉進他姊姊住家的街角時，他滿腦子全是這些閃閃發光、頗有重量的黃金，似乎除此之外，全世界其他東西他都可以不要。

幾天之後的一個黃昏，一臉困惑的羅當走進馬松的店裡，馬松是個經營黃金借貸業務和買賣珠寶、絲織品的生意人。羅當瞧都不瞧店裡左右兩邊擺得琳瑯滿目的貨品，只一逕邁過待客處，筆直地往後頭走。他看見優雅的馬松斜倚在毯子上，正享受著黑奴遞上來的食物。

羅當兩腳張開，半敞著皮外套微露出胸毛，他一臉遲鈍相，站在馬松面前，說：「我想找你商量，因爲我不知道怎麼辦。」

馬松削瘦、泛黃的臉龐露出友善的笑意，向羅當打招呼。馬松問道：「你到底做了什麼輕舉妄動的事，這下子居然需要找錢莊？是不是在賭桌上運氣不好？或者有什麼豐滿的美麗女子令你迷惑？我認識你這麼多年以來，你從未找我替你解決困難。」

「不！不！不是那樣。我不是來借金子的。相反的，我希望你給我一些明智的忠告。」

「聽啊！你聽！這個人說什麼。從來沒有人會找出借黃金的人要求忠告。我的耳朵一定是聽錯了。」

「我是說眞的。」

「是這樣子嗎？矛匠羅當來找馬松不是爲了借黃金，而是爲了尋求忠告，他在玩弄比誰都狡猾的詭計。許多人爲了自己做的荒唐事來找我借黃金，但是他們從來不要聽什麼忠告。世上又有誰，比出借黃金的錢莊老闆更有資格給人忠告呢？」

馬松繼續說道：「羅當，你可以與我一同用餐。你可以做我今晚的客人。」他召喚那位黑奴說：「安東！爲這位向我尋求忠告的朋友，矛匠羅當鋪條毯子。他是我的貴賓。給他一些佳餚，並且呈上最大的杯子。選上等的好酒招待他，讓他喝個過癮。」

馬松說：「現在，可以告訴我，你遇到什麼困擾了？」

羅當回答：「國王的禮物令我備感困擾。」

「國王的禮物？國王給你禮物，而禮物帶給你困擾？什麼樣的禮物？」

「國王對我所設計的皇家衛隊新矛頭非常滿意，所以給了我五十塊黃金，現在我非常困惑。」

羅當又說：「白天裡，無時無刻都有人懇求我與他們分享這些黃金。」馬松：「那是很自然的事。想擁有黃金的人，比已經擁有黃金的人更多，他們盼望，已經獲得黃金的人能順手借給他們一些。你難道不會說不嗎？你的意志力難道不是和拳頭一樣強嗎？」

「我可以對許多人說不，但是有時候點頭比較容易一些。一個人難道會不願意與他深愛的親姊妹分享黃金嗎？」

「那當然，你自己的姊姊並不希望剝奪你獨享報償的快樂。」

「但是，她要我的黃金是因為她丈夫阿拉曼的緣故，她希望阿拉曼能成為富有的商人。她覺得阿拉曼從來沒有遇上機會，她懇求我把這些黃金借給他，好讓他有機會成為富商，到時候他再從利潤中撥出黃金還我。」

馬松說：

我的朋友，你所提的問題很值得討論。擁有黃金，帶給人責任，且讓人的身分地位與其他同儕不一樣。擁有黃金的人常會害怕丟掉黃金，或被別人騙走了。黃金使人感覺有大有力量，且足以做些美好的事情。而黃金在帶來機會的同時，也會因為持有黃金的人心腸太好而帶來困擾。

你曾聽說過，尼尼微有一位農夫聽得懂動物語言的故事嗎？我並不認識這樣的人，因為這種故事不是銅匠工作坊裡的人喜歡說的故事。但是我要告訴你這個故事，因為你應該知道，借入借出的事，不只是把黃金從一個人的手中交到另一個人的手中而已。

這位懂得動物間語言的農夫，每天傍晚總會逛逛農場，偷聽動物們在說些什麼。有一天傍晚，他聽到一隻公牛向一隻驢子哀嘆自己乖舛的命運：「我從早到晚辛苦地拉犁耕田。無論白天有多熱，無論我的雙腿有多累，無論我頸上的牛軛如何磨破我脖子的皮，我仍得勤奮工作。而你倒是生來優閒。你每天披著五顏六色的毯子，什麼事也不用做，只要載著主人到他想去的地方。如果主人今天不想出去，你就可以一整天休息，閒著吃青草。」

這隻驢子儘管後腿不好惹，但牠仍舊是公牛的好朋友，且非常同情公牛的際遇。牠回答：「我的朋友，你的確非常辛勤工作，我願意替你分勞解憂。因此我要教你如何偷得一日閒。早上，主人的奴隸要牽你去拉犁時，你就躺在地上，並且吼叫，這樣他可能會以爲你生病了，無法上工。」

於是公牛採納驢子的建言，第二天奴隸向主人回報說，那隻公牛生病了，無法拉犁。農夫就說：「那麼，就牽那隻驢子去拉犁吧，因爲犁田的工作不能停。」

只顧著幫助朋友的驢子發現，牠自己被迫一整天都得做公牛份內的工作。直到夜幕低垂，驢子拖的犁才被解下來，牠的心裡非常悽苦，牠的兩條腿疲憊不堪，牠的脖子酸得要命，且被牛軛磨破了皮。

農夫又到穀倉去傾聽動物說話。

公牛先開口說：「驢子啊，你眞是我的好朋友。因爲你聰明的忠告使我享受了一整天的休息。」驢子反駁：「而我卻像其他天眞單純的人一樣，幫了朋友，卻反而害自己得替朋友勞碌。從今以後，你自己拉你的犁吧，因爲我聽主人告訴奴隷說，假如你再生病的話，就要把你賣給屠夫。我但願他能把你賣掉，因爲你眞是一隻懶惰的牛。」此後這兩隻動物再也沒有彼此說過話——這件事使牠們絕交。羅當，你能看出這個故事的教訓嗎？

羅當回答：「這是個好故事，但是我看不出有什麼教訓。」

「我想你也看不出來。但是，這故事當中確實有一點教訓可以學，這教訓很簡單，就是：假如你渴望幫助你的朋友，你可以幫，但是不能把你朋友的負擔加在你自己身上。」

「我倒沒想到這一點。這的確是很有智慧的教訓。我不希望將我姊夫的重擔加在我自己身上。但是請告訴我，你借錢給許多人，這些人都會清償他們借的黃金嗎？」

在這方面經驗老道的馬松笑了笑，說：「假如借黃金的人還不了債怎麼辦？出借黃金的人豈不是得絕頂聰明，要能審慎判斷，他借出去的金子究竟是否收得回來，或者欠債的人可能無法明智地使用借來的黃金，以致賺不到財富，徒讓債主收不回債款？我將帶你去看看我庫房裡的一堆擔保品，讓它們告訴你它們自己的故事。」

馬松走進庫房，取下一個箱子，這個箱子長寬如他的手臂，上面鋪著紅色的豬皮，箱子各個邊都鑲著銅片。他把箱子放在地上，然後蹲下來，雙手搭在蓋子上。

馬松說：「每一個向我借黃金的人，都必須留下抵押品，存放在這個箱子裡，直到他們還清所借的黃金爲止。當他們還清債務時，我就把抵押品還給他們，但是假如他們從未還清債務，這些抵押品將提醒我，哪些人的借款信用不可靠。

「這些抵押品的箱子告訴我，最安全的借貸，就是借給所擁有財富的價值超過其所借款項的人。他們擁有土地、珠寶、駱駝或其他東西，可以變賣來償還債務。

他們有些人拿來抵押的東西是價值超過借款價值的珠寶。有些人則允諾，假如他們無法清償債務，他們將讓渡若干房地產給我。像這類的借款人，我敢保證必使我的黃金連本帶利收回來，因爲借給他們的黃金是依其財產而估算的。

「另一種人是有技能賺錢的人。他們就像你一樣，可憑勞力或服務獲得薪資。他們擁有收入，假如他們爲人老實，又未遭遇什麼不幸，我知道他們也同樣能還清欠我的黃金，以及與我議定的利息。這類的借貸是憑借款人的努力而估算的。

「還有一些人既無財產，也無固定收入。他們的生活很艱苦，有些人根本無法適應這樣的艱苦。唉！這樣的人即使擁有的錢不會超過一分，但我還是借黃金給他們，這種人除非有信得過他們人格的朋友替他們做保，否則我的抵押品箱子日後就要責怪我了。」

馬松鬆開箱蓋上的銅釦，打開箱子。羅當急切地傾身探頭而望。

這個箱子的最上層，是一條鋪在大紅色布塊上面的項鍊。馬松拿起這條項鍊，愛不釋手地輕拍著，說：「這條項鍊將永遠留在我的抵押品箱子裡，因爲這條項鍊的主人已經過世了。我珍藏著他的抵押品和金錢，因爲他是我的好朋友。我們曾經一起做貿易，做得非常成功。後來他娶了一個美麗的東方女子爲妻，這個東方美人和我們這裡的女子大不相同，她長得實在非常耀眼。我這位朋友揮霍黃金來滿足她的需求。當他花盡黃金之後，非常沮喪地跑來找我。我便勸導他。我告訴他，我會協助他東山再起。他以偉大神牛之名發誓，他必要東山再起。但結果卻不是那樣。在一場爭吵中，他激怒了他太太，結果她拿刀子刺穿了他的心臟。」

羅當問：「那後來她呢？」

馬松拾起紅色的布料，說：「當然，這塊布是她的。由於痛苦懊悔，她後來投幼發拉底河自盡。他們所借的那兩筆貸款，永遠也還不了了。這口箱子告訴你，羅當，借錢給陷入苦悶情緒深淵的人並不安全。」

馬松接著拿起一個牛骨刻的牛鈴說：「看！這個抵押品就不同了。這是一位農夫的。我常向他的妻妾購買毯子。後來遇到蝗蟲之災，他們沒有食物吃。我就借錢幫助這位農夫，等他有了新的收成再還我債。後來他再度來找我，說有一個旅客告訴他遠地一群山羊的事。據說那些遠地的山羊毛質又好又軟，可以織出全巴比倫最美麗的地毯。因此我借他黃金，讓他出這趟遠門，把那群山羊帶回來。要是他開始牧養那群山羊，隔年我便可以讓巴比倫許多貴族見識到他們有幸才買得到最昂貴的地毯。所以我將很快得將牛鈴還給這農夫。農夫也口口聲說他一定能淸償債務。」

羅當問：「有借款人這麼做的嗎？」

馬松：「假如他們借錢是爲了賺錢，我也認爲可行。但是假如他們借錢是爲了荒唐的開銷，我要警告你，當心你借給他們的黃金能否收得回來。」

羅當拾起一件設計款式相當罕見，鑲有珠寶的金手鐲，說：「告訴我這只手鐲的故事。」

馬松調侃說：「我的好朋友，你眞是受不了女人的誘惑啊！」

羅當回敬：「我可比你嫩多了。」

馬松：「我承認，但是這次你猜想的浪漫情節可就猜錯了！。這只手鐲的主人是個滿臉縐紋的肥老太婆，她總是嘮嘮叨叨，言不及義，我簡直快被她吵瘋了。她家曾經非常有錢，是我的好客戶，但是後來家道中落。她一直盼望她兒子能成爲商人。因此她跑來找我借了些黃金，好讓她兒子成為沙漠商隊的合夥人之一，騎著駱駝到處買有賣無。

「誰知結果卻遇上惡棍，趁她兒子熟睡時，提早拔營離去，把他丟在舉目無親，又身無分文的遠鄉異地。也許等這個年輕人長大成人之後，他會還債吧！但是在他長大之前，我除了聽他母親嘮叨之外，得不到任何利息。但是我得承認，這些珠寶比她借的黃金還要值錢。」

「這位婦人曾向你詢問有關如何借貸的忠告嗎？」

「沒有。她一直巴望著她兒子成為巴比倫有錢有勢的人。只要你說些反話，就會激怒她。我曾因此被她罵得狗血淋頭。我早料到，她那個年紀輕輕，毫無社會經驗的兒子，必定會出事，但是當她為她兒子擔保時，我又不能拒絕她。」

馬松接著揮手，指著打了個結的一捆繩子，說：「這個是駱駝商納巴圖的抵押品。當他準備購買的駱駝群所需要的錢超過他現有資金時，他拿這個結繩抵押，於是我根據他所需要的金額借錢給他。他是個精明的商人。我相信他的判斷力很好，可以放心地把黃金借給他。我對其他許多巴比倫商人也很有信心，因為他們做事誠實。他們的抵押品在我這兒有進有出。好商人是本城的寶貴資產，使我能援助他們賡續貿易往來，促進巴比倫的繁榮昌盛。」

馬松拾起一個綠松石刻的甲蟲，且不屑地將它丟在地上，說：「這是埃及來的臭蟲！擁有這個雕蟲寶石的埃及小伙子，一點也不在乎我能否取回他所欠的債款。當我向他催債時，他回答：『我的運氣這麼背，怎麼還得了錢？這個抵押品是我父親的——他是個小有田產的人，他保證會用他的田產和畜群支持他兒子的事業。』這個年輕人起初做生意還算成功，但太急於致富了。加上他的知識不成熟，最後生意便做垮了。

「年輕人總是充滿雄心壯志，往往操捷徑獲得財富和任何他們想要的東西。爲了快速致富，年輕人經常傻傻地向人借錢。他們沒有任何經驗，不了解無望淸償的債務像個深坑，讓人急速陷下去，卻是掙扎許久也爬不起來。那是個痛苦和懊悔的深淵，白天陽光照不到，黑夜充滿失眠的痛苦。我不反對年輕人借錢。我甚至鼓勵年輕人借錢，但是我建議，錢要用在明智的目的上。我自己最早的時候便是靠借了一筆黃金做生意而發跡的。」

馬松又說：「但是遇到年輕人來借錢這種情形，放款的人應該怎麼做呢？來借錢的年輕人常是灰心失望、一事無成的，他也未努力償還債務。我又不忍心奪他父親的土地和牛群。」

羅當鼓起勇氣說：「你說了許多有意思的事情，但是我聽不出這些話對我的問題提供了什麼答案。我應該把五十塊黃金借給我姊夫嗎？這些黃金對我來說很重要。」

「你姊姊是個值得信賴的仕女，我非常尊敬她。要是她丈夫來找我借五十塊黃金，我會問他做什麼用？」

「假如他回答，他想變成像我一樣的商人，買賣珠寶和各式各樣的裝飾品。我會說，『你對這一行有多少認識？你知道哪裡可以買進最低價的貨物？哪裡可以賣到合理的價格？』你姊夫對這些問題都能肯定答覆嗎？」

羅當承認：「不，他並不知道這些。他曾幫助我打造矛器，也曾在幾家商店做過事。」「那麼，我會對他說，他借錢的目的並不明智。商人必須學會做他那一行生意的竅門。他的雄心壯志雖然很有價值，但是不切實際，我不會借黃金給他。」

「但是，假如他回答：『是的，我曾幫過一些商人。我知道怎麼去士麥那(Smyrna，今土耳其西部港市伊茲密爾，Izmir)，買家庭主婦織的廉價地毯。我還認識許多巴比倫富翁，可以把廉價地毯賣給他們。』那樣我會說：『你借錢的目的很明智，你的企圖也挺了不起。假如你能保證必還清這筆黃金，我很樂意借你五十塊黃金。』但是假如他說：『除了老實的信譽之外，我沒有任何東西可以做擔保，不過我一定會付你利息。』那麼我將回答：『我非常珍惜每一塊黃金。萬一你在前往士麥那途中或回程時，遇到強盜搶走你的黃金或地毯，那你便沒有任何東西可以還我，我的黃金將一去不回。』

「羅當，你看，黃金是信貸業者的商品。要把黃金借出去是很容易的事。但是假如出借得不明智，你將收不回來。聰明的債主不會冒險隨便把錢借給別人，除非借方擔保必能清償債務。」

馬松繼續說：「能幫助那些有困難的人，很好。幫助那些不幸的人，很好。幫助那些正在創業，將來可能有事業進展且成爲身價不凡的人，也很好。但是伸出援手必須有智慧，以免像農夫的驢子一樣，在熱心幫助別人時，自己背了別人的重擔。

「羅當，容我再次對你的問題拐彎抹角，但是請聽我的答案：堅守住你那五十塊黃金。你憑勞力爲自己賺錢，你所得到的酬勞是你自己的，沒有人有資格與你分享，除非你自己願意這麼做。假如你爲了賺更多的黃金，而想把黃金借出去生利息的話，那就要謹愼，並且借給多人以分散放款風險。我不喜歡閒置的黃金，但是我也不喜歡太冒險。」

「你當矛匠有多少年了？」

「足足三年。」

「除了國王給你的那些黃金之外，你還有多少黃金？」

「三塊。」

「你每年這麼辛苦作工，省吃儉用，一年才存一塊黃金？」

「是啊，正如你所說的。」

「那麼，五十塊黃金可得讓你辛勤工作五十年，且省吃儉用，才存得起來囉！」

「恐怕要一輩子辛勤工作，省吃儉用才辦得到。」

「想想看，你姊姊居然為了讓她丈夫嘗試做生意，而不惜讓你得做五十年苦工才存得了的黃金陷入危險？」

「我還不知道該怎樣學你，向我姊姊說這類的話。」

「你就去對她說：『三年來，除了齋戒日之外，我每天從早到晚辛苦作工，省吃儉用，捨不得買我想要擁有的東西。這麼勞苦、省吃儉用，每年才只能存下一塊黃金。妳是我最愛的姊姊，我希望姊夫能藉由經商而飛黃騰達。假如他能對我和我朋友馬松，訴說他看來頗明智的經商計畫，我將樂意把我儲蓄的黃金借給他一整年，好讓他有機會證明他會成功。』你就這麼說。假如他渴望成功，他會證明給你看。假如他失敗了，他欠你的錢，將來有一天他還是能還你。

「我是個專門借貸黃金給人的生意人，因為我擁有的黃金超過自己生意上所需的資金。我希望那些多餘的黃金能為其他人效力，以便賺更多的黃金。但是我可不希望冒險損失我的黃金，因為我為了擁有黃金，曾經非常勞碌，且省吃儉用。因此只要我沒有信心，確保借出去的黃金必定收得回來的話，我便不會隨便出借。我若認爲借款人不會很快賺到錢還我的話，我也不會借錢出去。

「羅當，我已經告訴你有關抵押品箱子裡的一些秘密。從這些故事中，你可以了解人性的軟弱，以及他們渴望借錢卻不確定能否淸償債務的心態。從這裡你也可以看見，假如他們擁有黃金的話，他們賺大錢的希望有多高，但是他們若無能力或未曾受過相關的職業訓練，他們的致富希望便會落空。

「羅當，你現在既然擁有黃金，便應該拿它來賺更多的黃金。這樣你就會像我一樣，成爲出借黃金的人。假如你以安全的方法管理資產，它將爲你帶來大筆的利潤，成爲你一生喜樂和利益之源。但是假如你讓這些黃金溜走，它將變成你終生痛苦和懊惱回憶的源頭。」

「你最希望怎麼對待你錢囊裡的黃金？」

「好好兒地保管它。」

馬松贊同地回答：「說得好。你的第一個希望就是安全。想想看，這些黃金若在你姊夫的管理之下，眞的能安全無虞，不會遭到任何損失嗎？」

「恐怕不安全，因爲他在保管黃金方面並沒有智慧。」

「那就別受你愚昧的責任感影響，而將黃金交託給任何人。假如你實在想幫助你的家人或朋友，寧可找其他方法，而不要冒著損失自己資產的危險。別忘了，黃金會悄悄從笨拙的主人手中溜走。與其讓別人替你把黃金損失掉，還不如你自己揮霍掉。」

馬松問：「安全保管黃金之後，下一步該怎麼做呢？」

羅當答：「用它賺更多的黃金。」

「你再次說了有智慧的話。這些黃金應該用來賺錢，使它變得更多。像你這種年紀的人，利用審慎、明智出借黃金的方式賺錢，可能足以在你變老之前賺得一倍的黃金回來。假如你冒險借出黃金，以致遭受損失，你將同時損失這些黃金能為你賺更多錢的所有機會。

「因此，不要受不切實際的人誘惑，他們的計劃是不著邊際的，以為自己已經看見能讓他們發大財的契機。這類計畫是作白日夢者的產物，他們毫無穩當且可靠的經商技巧。在你期待發財、持有財富和享受人生時，最好抱持保守的態度。見有暴利可圖便將黃金借出去，不啻為開門揖盜，白白葬送金錢。

「多與具有成功理財經驗的富翁或企業來往，在他們以智慧和經驗使用黃金，且安全守護黃金的情況下，將使你借給他們的黃金變成滾滾的財源。

「願你不會重蹈某些人的覆轍，這些人原先蒙諸神眷顧賜給他們黃金。」

當羅當要謝謝馬松這番智慧的教導時，馬松顧不得聽便繼續說道：「你應該從國王送你的禮物學到許多功課。假如你想保有這五十塊黃金，你必須非常謹慎。你將受到許多用錢的試探，也將有許多人熱心地給你投資忠告。同時你將遇到許多發財的機會。你要謹記我抵押品箱子裡的那些故事，在你讓任何一塊黃金離開你的荷包之前，最好確定一下你借出去的黃金是否安全無虞。假若需要我進一步的忠告，你隨時可以再來找我。我很樂意繼續給你忠告。

「在你離開之前，唸一下我刻在抵押品箱蓋子底下的格言。這句格言同時適用於放款和借款的人：

謹慎一點，強過後悔莫及。」

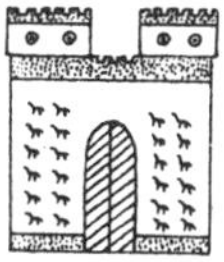

不倒的城牆

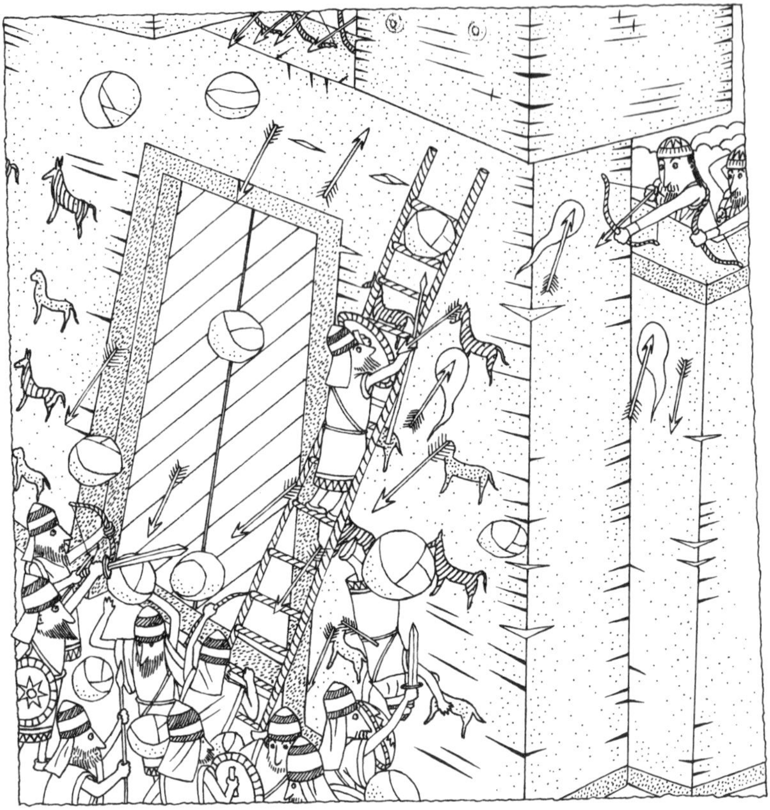

每一個人都需要有適當的保護措施，以防突發的悲劇。

過去曾是威武戰士的老班札爾，現在站在通往巴比倫古城牆頂的路上守衛。老班札爾站崗的上方，還有其他驍勇的衛兵，正荷槍實彈捍衛城牆周圍。巴比倫這個擁有成千上萬居民的城市，安危就靠他們打贏這一仗了。

城牆外大軍壓境，敵軍騎著萬馬奔騰而來，高聲叫囂，不斷槌撞城門，聲音震耳欲聾。

巴比倫城門後的街道上，槍兵隨時待命，準備萬一城門被攻破，就群起抵禦。他們全都準備就緒。由於巴比倫的主力軍正隨國王遠征東方的埃蘭人未歸，沒有人料想得到，在他們遠征期間，巴比倫城會遭到攻擊，所以留下來的巴比倫軍力很小。焉知亞述軍隊忽然從北傾巢而至。此刻巴比倫城牆必須撐得住，否則巴比倫帝國必被滅亡。

班札爾四周，圍著一群臉色鐵青、恐慌害怕的民衆，焦急地打探最新的情勢。他們瞠目結舌，望著一個個被抬進來，或暫時安置在走廊的傷兵和陣亡者。

此刻正是兩兵交戰的關鍵時刻。敵軍在圍城三天之後，突然傾全力猛攻班札爾身後的這段城牆和城門。

城牆頂的衛兵奮勇抵禦著正爬上城牆平台的敵兵，他們用箭射殺敵軍，倒滾燙的油抵擋攀登繩梯的進攻者，或用槍矛刺殺任何登上城頂的敵人。而成千上萬的敵軍弓箭手，也以萬箭齊發攻擊巴比倫。

老班札爾有最新的戰況消息，因爲他最接近交戰區，且是第一個聽到敵軍瘋狂逼城的人。

一位老商人擠到班札爾身旁，顫抖著雙手，央求道：「告訴我！告訴我！他們攻不進城裡來！我的兒子們跟著好國王，沒有人能保護我的老妻。敵軍會偷走我一切貨物的，他們會併吞城裡所有的糧食。我們都老了，老得無法自保——老得做不了戰俘了。我們會餓死。告訴我，敵軍攻不進來？」

班札爾回答：「請你冷靜一下，好商人。巴比倫的城牆很堅固。請回到市集，告訴你太太，城牆將保護你們所有人性命財產的安全，就像保護國王豐富的產業一般。請挨近城牆，以免敵軍射進來的箭落在你們身上。」

老商人退下，接著一位抱著嬰孩的婦女上前問道：「士官啊，城牆上有什麼新的消息沒有？告訴我實話，好讓我傳報消息給我那可憐的丈夫。他因爲受傷發著高燒，但是堅持要拿武器和槍矛保護我和孩子。他說，敵軍要是破城門而入，將會展開報復性的恐怖燒殺掠奪。」

「好心腸的女子和好母親，我再次向妳保證，巴比倫的城牆將保護妳和妳的孩子。巴比倫的城牆又高又堅固。妳難道沒有聽到，我們驍勇的衛兵一邊尖叫高呼，一邊把一鍋又一鍋滾燙的油倒在爬繩梯的敵兵身上嗎？」

「是啊！我的確聽到我軍的呼叫聲，但是我也同時聽到敵軍猛槌撞各城門的聲音啊！」

「回到妳丈夫身邊吧！告訴他，城門非常堅固，經得起槌撞。那些藉繩梯攀登城牆的敵兵，就等著讓槍矛穿心吧！小心好好走，趕快躲到遠處的建築物下！」

班札爾忙著將人群散到兩旁去，好讓重武裝增援部隊通過。正當增援部隊的盾牌和輪車鏗鏗鏘鏘地通過時，一名小女孩戳一下班札爾的腰帶。

她央求：「士兵，請告訴我，我們安全嗎？我聽到好可怕的噪音，還看到許多人在流血。我好害怕。我們家，我媽媽、弟弟和小嬰兒會變成怎樣呢？」

這位威武的沙場老兵眨一眨眼，俯身看著小女孩。

他向小女孩保證：「小朋友，不用害怕！巴比倫的城牆會保護妳和媽媽、弟弟和小嬰兒。瑟蜜拉米絲女王一百多年前建造它時，就是爲了保護像妳這樣的平民百姓而造的。這些城牆從未被攻破過。回去告訴妳媽媽、弟弟和小嬰孩，城牆將會保護他們，不用害怕。」

老班札爾一天又一天駐守崗位，看著增援部隊集結在城牆的通道上枕戈待旦，繼而與敵軍交戰，前仆後繼直到受傷或陣亡。老班札爾身邊總是擠滿了驚慌失措的民衆，渴望知道城牆是否撐得住。對所有人的詢問，老班札爾都以一位老戰士的莊嚴態度回答：「巴比倫城牆將保護你。」

連續三星期又五天，敵軍毫未停歇地發動猛攻。班札爾的臉色越來越難看且冷峻，他背後的街道已血流成河，士兵所流的鮮血與泥巴混成一團。每天總有許多敵軍的屍體堆積在城牆前，到了晚上再由同袍拖回去埋葬。

到第四星期的第五天晚上，烽火仍未稍歇。清晨的第一道曙光照耀在巴比倫平原上，敵軍撤退揚起的滾滾沙塵迷漫。

巴比倫守衛軍大聲歡呼。街頭擠滿了悸動的群衆。幾週以來的鬱結恐懼情緒終於找到宣洩的出口，剎時狂喜歡呼的聲音四起。貝爾神殿塔頂開始燃燒勝利的煙火。藍色的煙柱冉冉上升，把巴比倫城的勝利消息傳到遠方。

巴比倫城牆再度抵擋了蓄意掠奪城內豐富財寶，奴役其百姓的敵軍。

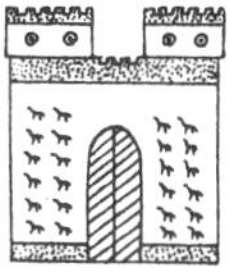

巴比倫能世世代代延續下去，就是因爲它完全受到保護，否則這個城經不起敵人的掠奪。

巴比倫城牆的例子，說明了一個人需要也希望受到保護。這種願望是所有人類天生固有的，從古至今皆然，但是如今我們已發展出更廣泛、更好的保護計畫。時至今日，在保險、儲蓄、可靠投資等堅固城牆的保護下，在遇到隨時可能降臨在任何人身上的的突發悲劇時，我們可有所防衛。

每一個人都需要有妥善的保護措施。

奴隸變成駱駝商

「我不是軟弱的人！」「那就證明給別人看吧！」

一個人越餓，神志就越清楚——越敏於嗅出食物的味道。

阿祖爾的兒子塔卡德當然這麼認爲。因爲，他已經整整兩天沒吃什麼東西，只吃了兩枚從別人花園裡偷摘來的小無花果。他還來不及再摘一枚，就被氣急敗壞的婦人衝上來，把他趕到街上去。塔卡德逃得已經穿過市場了，耳邊還依然縈繞著那位婦人刺耳的尖叫聲。這尖叫聲令他不敢再偷市場女商販的水果。

塔卡德從來不知道食物是怎麼被送進巴比倫各市集的，也從未發覺食物的味道這般誘人。他離開市場，穿過街頭，來到一家客棧前。他來來回回踱著方步，心想也許在客棧裡他會遇到認識的人，可以借點錢，好讓不友善的客棧老闆帶著笑容歡迎他，這可是幫了他大忙。因爲要是沒有錢，他知道，必不受掌櫃歡迎。

他出神地想著想著，忽地與一個他避之唯恐不及的人撞個正著，這人正是高大削瘦的駱駝商，達巴希爾。在塔卡德曾經賒欠過小錢的所有親友中，就數達巴希爾最令他感到不舒服，因爲塔卡德一直未能按照承諾儘快還他錢。

達巴希爾的臉龐亮在塔卡德眼前。「嗨！這可不是塔卡德嘛，我正到處找他，好讓他還我一個月前借給他的兩個銅錢，以及更早以前借給他的一塊銀錢。這可眞是踏破鐵鞋無覓處，得來全不費功夫。我倒要好好運用今天，向他討錢回來。喂，小伙子，你說話啊？你說啊？」

塔卡德全身顫抖，滿臉通紅。他胃裡空空，毫無力氣與直腸子的達巴希爾爭吵。他喃喃低聲說：「我，我很抱歉，非常抱歉，但是今天我沒有銅板，也沒有銀錢可以還你。」

達巴希爾繼續大罵：「去你的！你守不住幾個銅板或銀錢，來還老朋友和你父親嗎？他們在你有困難的時候都慷慨地借你錢。」

「那是因爲噩運一直跟著我，使我無法還錢。」

「噩運！你還要爲你自己的軟弱責怪諸神啊？那些只想著借錢不還的人總會惡運連連。小伙子，跟我來，我要去吃飯。我很餓，我要告訴你一個故事。」

達巴希爾殘忍的坦率直言，令塔卡德感到膽怯，但是至少達巴希爾邀請了他一同進入令他垂涎的客棧用餐。

達巴希爾帶他到最靠邊的角落，找塊小地毯坐下來。

掌櫃考斯柯笑臉相迎，達巴希爾以一貫的坦率向他點餐：「你這沙漠的肥蜥蜴，給我來一盤山羊腿，多加些醬汁煮熟一點，還要麵包和各樣的蔬菜，我餓扁了，想多吃點。別忘了我朋友在此，給他一杯壺水，冰的，因爲天氣很熱。」

塔卡德的心直往下掉。難道他要坐在這裡一面喝白開水，一面看著達巴希爾狼吞虎嚥，吃著香噴噴的山羊腿？塔卡德沈默無語。他想不出該說些什麼。

然而，達巴希爾絲毫未察覺沈默的氣氛。他一面微笑一面揮手，不斷向其他相識的客人打招呼。

達巴希爾：「我聽一位剛從烏爾發回來的旅人說，有個富翁擁有一塊削得極薄的石頭，薄到可以透視。他把這塊石頭鑲窗戶上擋雨。據這位旅人說，這塊石頭是黃色的，他曾獲主人允許透視這塊石頭，一看才知道，透過這塊石頭所看到的戶外世界非常奇異，不像眞實世界。塔卡德，你認爲呢？想想看，一個人居然能看見完全不同色彩的世界？」

對達巴希爾跟前那一盤肥山羊腿更有興趣的塔卡德回答：「我敢說……」

達巴希爾接過話來，說：「嗯，我知道這是眞的，因爲我自己也曾見過完全不同顏色的世界，我即將告訴你的故事，就是關於我如何再次復見眞實顏色的世界。」

鄰座的客人竊竊私語：「達巴希爾要說故事」，於是把地毯湊近一點。其他客人也把食物帶過來，衆人擠過來，圍成半圓圈。他們在塔卡德耳邊大聲咀嚼食物，且拿著多肉的骨頭在他面前晃過來晃過去。整群人裡，只有塔卡德沒有東西吃。達巴希爾並不與他分享食物，也未示意請他吃窩窩頭的一小角，窩窩頭的屑都從盤子掉到地板上了。

達巴希爾開始說：「我要說的故事…」他停了一下，大咬一口山羊腿，才繼續說：「是關於我早年如何成爲駱駝商的經歷。你們當中有沒有人知道，我曾經在敍利亞當奴隸？」

聽衆間驚訝的喃喃聲此起彼落，達巴希爾聽得很滿意。達巴希爾再大啖一口山羊腿之後，繼續說：

我還年輕的時候，跟著我父親學做貿易，我父親是個製造馬鞍的工匠。我在他的鐵工廠裡幫忙，並且結了婚。由於年輕且沒有什麼好技能，所以收入非常微薄，只敷家用。我極其渴望擁有我能力買不起的東西。後來我發現，即使我不能馬上還錢，但有些商店主人仍信賴我過些時日必能清償欠他們的債務。

由於年輕、缺乏經驗，我並不知道，凡是花錢入不敷出的人便是在自掘墳墓，種下自我放縱的因，終必遭致陷溺困境和羞辱的後果。所以我迷著爲妻子、家人購買超過我們所需的錦衣華服和奢侈品。

我把錢大花特花，過不久錢都花光了。但是我及時發現，我無法一面用微薄的收入過活，一面還債。商店老闆們開始到處找我償付那些奢侈的花費，我的生活變得一塌糊塗。我向朋友賒借，但無力償還。日子每下愈況，我妻子回去投靠娘家，而我決定離開巴比倫，到別的城市碰碰運氣。

此後兩年，我馬不停蹄地爲沙漠商隊工作，但日子過得並不順遂。後來我跟著一群強盜到處打劫毫無武裝力量的沙漠商隊。這樣的行徑不配做我父親的兒子，但當時我彷彿透過有色的石頭看世界，不知道我已因此墮落到什麼樣的地步。

我們第一趟打劫商隊非常順利，掠得一大堆黃金、絲綢和有價值的商品。我們將這些掠奪物帶到吉尼爾城揮霍。

第二次可就沒那麼幸運了。我們才剛掠得大批財物，就遭到當地部落的槍兵攻擊，這些槍兵是被劫商隊花錢雇來自保的。我們當中的兩個強盜頭子被殺，其餘的人則被帶到大馬士革剝光衣服，賣做奴隸。

我被一位敍利亞沙漠部落的頭子用兩塊銀錢買走，並且爲我理了頭，搭上纏腰布，與其他奴隸沒什麼兩樣。由於年輕魯莽，我只當這是一種探險，直到有一天主人帶我到他四個妻妾面前，告訴她們，可以把我當做閹人使喚。

那時，我才知道我的情況有多慘。這沙漠國的男人個個驍勇好戰。我在毫無武器和脫逃方法的情況下，只好任他們擺佈。

當主人的妻妾盯著我看時，我站在那邊，心裡害怕極了，巴望她們會同情我。他的大老婆希拉年紀比其他妾大。她盯著我看，臉色無動於衷。我得不到她安慰，便離開視線。接下來那一位傲慢的美女冷冷地瞧我一眼，彷彿我只是一條蚯蚓。另兩個較年輕的妾則嗤笑，當這是笑話。

那情景彷彿叫我站著等判刑，等了一世代之久。每個女人似乎都在等著對方先開口。最後，席拉冷冷的先開口。

她說：「閹人我們多得是，但是駱駝商人沒有幾個，這些商人不過是廢物。今天我要回娘家探望生病的母親，沒有一個我信得過的奴隸能拉我的駱駝。問問這個奴隸會不會拉駱駝。」

因此主人問我，懂不懂得駕馭駱駝。

我極力隱藏我的熱切心情，回答說：「我會讓駱駝蹲下來，也能叫牠們馱運貨物，引領牠們長途旅行而不困倦。假如有必要，我還會修理套駱駝的各個配件。」

主人說：「聽來這個奴隸懂的夠多了，席拉，假如妳要的話，就帶這人做妳的駱駝夫好了。」

因此我被轉交給席拉，當天便引領她的駱駝長途跋涉回娘家探望她母親。我利用機會謝謝她代我替主人求情，並告訴她，我不是天生的奴隸，而是自由人的兒子，我父親是巴比倫尊貴的馬鞍工匠。我還告訴她許多關於我的故事。但她的話令我感到挫折，事後我一再沈思她所說的話。

她說：「是你自己的軟弱使你落到今天這種地步的，你又怎能稱自己是自由人？

假如一個人自己內心裡面就藏著做奴隸的靈魂，無論他的出身如何，他終將成爲奴隸，彷彿水往低處流一樣，不是嗎？假如他內心裡具有自由人的靈魂，無論他再怎麼不幸，他仍舊能在本家本城成爲受人敬重的尊貴人，不是嗎？」

接著的一年我仍舊是奴隸，與其他奴隸同住，但是我無法成爲和他們一樣的人。有一天席拉問我：「黃昏時，衆奴隸可以混在一起玩樂交遊，你爲什麼獨坐在帳篷裡？」

我回答：「我在思想妳對我說過的那番話。我懷疑我裡面是否有做奴隸的靈。我與這些奴隸格格不入，所以獨自坐在這裡。」

她吐露秘密說：「我也一樣與那些妾格格不入，這才獨自孤坐。我的嫁妝很多，我丈夫娶我就是爲了我的嫁妝，但是他並不愛我。每個女人渴望的就是被愛。因爲這緣故，加上我不能生育，沒有一子半女，所以我必須坐得離她們遠遠的。我要是個男人，與其當奴隸，不如死了算了，但是我們部落的傳統也當婦女是奴隸。」

我突然問她：「現在妳對我的看法如何？我裡面擁有做男子漢的靈魂，還是做奴隸的靈魂？」

她迴避說：「你想還清你在巴比倫所積欠的債嗎？」

「是啊，我想啊，但找不到辦法。」

「假如你任意讓日子年復一年一年過去，而不努力償還債務，你就是擁有可鄙的奴隸心態。不自重、不老實還清債務的人，人恆鄙夷之。」

「但是我在敘利亞做奴隸，又能如何？」

「那就繼續待在敘利亞做奴隸吧！你這個軟弱的人！」

我急切地否認說：「我不是個軟弱無能的人！」

「那就證明給別人看啊！」

「怎麼證明？」

「你們偉大的巴比倫王不是想盡辦法，用盡所有力量對抗敵人嗎？你的債務就是你的敵人，它們逼得你只好離開巴比倫。你若放任它們，不予理會，它們將變得比你更壯大。當它們是個敵人，與它們戰鬥，你終將制服它們，成爲城裡受敬重的人。然而你卻一直毫無與他們背水一戰的念頭，只會眼睜睜看著自己的傲氣日益消沈，終而被逼到敘利亞當奴隸。」

我一直想著她那番不留情的論斷，我也想出一堆我自證內心並無奴隸心態，以便反駁的話，但是我苦無機會說出來。三天之後，席拉的侍女帶我去見席拉。

席拉說：「我母親又生重病，快從我丈夫的畜廄裡預備兩隻上好的駱駝，繫上裝水的皮囊與鞍袋，準備長途跋涉。侍女會給你廚房裡的食物。」我備好駱駝，但是猜不透侍女幹嘛提供那麼多的糧食等必需品，因爲女主人的娘家不到一天的路程就到得了。這位侍女騎在後頭，我則在前方引領駱駝隊，等我們抵達女主人的娘家時，天剛黑。席拉叫侍女下去，然後對我說：

「達巴希爾，你內心擁有做自由人，還是做奴隸的靈魂呢？」

我堅稱：「做自由人的靈魂。」

「現在是你證明的時候。你的主人喝得醉醺醺的，他的工頭們也個個不省人事。你帶著這些駱駝逃走吧！這個袋子裡有你主人的華麗衣服，你喬裝一下。我會回稟主人說，你在我回娘家探望生病的母親時，偷了駱駝逃跑了。」

我告訴她：「妳擁有做皇后的高貴靈魂。我非常盼望能給你幸福。」

她回答：「與人私奔，遠走他鄉異地到陌生國度的有夫之婦，是不會幸福的。走你自己的路吧，願沙漠的諸神眷顧你，因爲前面的路既遙遠又盡是不毛之地，沒有食物和飲水。」

我不再勉強她，只滿心溫暖地感謝她，然後趁夜裡全速摸黑逃逸。我對這個陌生的國度毫無所悉，根本不知道要往哪一條路走，才能回到巴比倫，只顧一味勇敢地邁過沙漠，往山裡竄。我騎著一隻駱駝，牽著另一隻。我拚命奔馳了一整夜直到第二天一整天，因爲我知道，身爲奴隸卻膽敢偷主人的駱駝逃跑，萬一被逮著了，必死無疑。

那天向晚，我來到像沙漠一樣不適人居的崎嶇之地。尖凸的岩石，使我這兩隻忠心的駱駝磨破了脚底的皮，所以牠們痛苦緩慢地前進，沿途遇不到任何人或野獸，很可以理解，爲什麼人獸都避開這段荒涼的地段。

此後的旅程光景如何，鮮少有活著回來的人訴説過。日復一日，我們艱苦蹣跚地往前走。食物和飲水都吃光了。炙熱的艷陽無情地曬著。第九天晚上，我從駱駝背上滑下來，覺得身體好虛弱，無力再跨騎上去，我必死在這個荒涼的地方。

我四脚朝天躺在地上睡著了，直到第二天曙光乍現才醒來。

我坐起身，環顧四周，清晨的空氣仍有些冷涼。那兩隻駱駝也躺平了，不肯再上路。四周盡是殘破荒廢的景象，滿蓋著岩石沙土和多刺的植物，未見藏有泉水的跡象，也没有食物給人和駱駝吃。

難道我就要這樣安靜地面對我生命結束嗎？我的心比以前更加清醒。此刻我的身體顯得不那麼重要了。我全身焦透，嘴脣淌血，舌頭乾燥紅腫，胃囊空空，全身痛楚到無以復加的地步。

我遙望並無風景可言的遠處，再次捫心自問：「我擁有做奴隸的靈魂，還是做自由人的靈魂？」我清楚地領悟到，假如我有著當奴隸的靈魂，我將會放棄求生的慾望，就躺下來死在沙漠，這是脱逃奴隸的下場。

但是，假如我具有當自由人的靈魂，那該怎麼做呢？當然我得勉力回巴比倫，償還積欠的債務給那些曾經信賴我，爲我愛妻帶來快樂，且爲我父母帶來安寧和滿足的債主們。

席拉曾說：「你的債務就是迫使你離開巴比倫的敵人。」是的，的確是。以前我爲什麼不能做個頂天立地的男子漢呢？我爲什麼允許愛妻回去投靠老丈人呢？

接著有一件奇妙的事情發生了。過去我一直透過有色石頭看這世界，彷彿這世界帶著另一種不同的顏色，但是這種有色眼光突然消逝，我終於撥雲見日，看到人生的眞正價值。

死在沙漠！那不是我！這樣重新看待世界的眼光，使我看見自己必須做的第一件事。首先，我必須想辦法回到巴比倫，面對每一個債主。我應該告訴他們，經過多年的浪蕩和不幸，我回來了，託諸神的福，我盼望能儘快還清債務。下一步，我應該爲我妻子弄個家，安頓下來，並努力成爲值得父母驕傲的人。

我的債務就是我的敵人，但是對那些借我錢的朋友而言，我更虧欠的是他們對我的信賴和信任。

我搖搖晃晃，虛弱疲乏地站起身來。飢餓又怎樣？口渴又怎樣？這些只不過是回巴比倫之路的偶發事件而已。我內心裡湧現當自由人的靈魂，渴望回去擊退敵人，報答親友。我受這極大的毅力所鼓舞。

那兩隻眼睛已昏眩的駱駝，聽到我鏗鏘有力的叫聲之後，眼睛立刻亮了起來。幾經努力，牠們終於爬了起來。憑著可憐的耐力，牠們步向北方，我內心一再響起一個聲音說：我們必能找到巴比倫城。

後來我們發現飲水。我們走進較肥沃的地方，那兒有草和果子。我們也發現回巴比倫的小路，因爲自由人的靈魂認爲，人生總有一連串的問題待解決，他對人生的看法是，人生總有一連串的問題待解決，他會勇敢去解決，而奴隸的靈魂只會哀嘆：「我只是個奴隸，我能怎麼辦？」

塔卡德，你呢？你空無一物的胃是否也讓你的腦筋更清醒呢？你是否準備踏上贏回自尊的路呢？你能看清這世界的眞實顏色嗎？無論你的債務有多高，你渴望老實償還債務，以便再度成爲在巴比倫受人敬重的人嗎？

塔卡德眼眶裡噙著淚水。他滿腔激情地站起來，說道：「你給了我新的眼界；我感覺我靈裡湧現渴望當自由人的意念。」

一位感興趣的聽衆問：「但是後來你怎麼淸償債務的呢？」

達巴希爾答：「有志者事竟成。當時我下定決心，所以開始四下尋找出路。首先我拜訪所有借錢給我的人，央求他們寬延時限，讓我能賺夠多的錢還他們。有些債主辱罵我，有些則幫助我；其中有一個債主確實給了我極需要的幫助。他就是出借黃金的商人馬松。他聽說我在敍利亞曾是個駱駝夫，於是他介紹我去找駱駝商人老納巴圖，巴比倫王正委託他到遠處購買俊美的駱駝。跟著老納巴圖，我的駱駝知識正好派上用場。漸漸地，我已能逐步淸償債務。最後終於能抬起頭來，感覺自己是個受人敬重的人。」

達巴希爾再次轉向他的食物。他大聲呼叫正在廚房裡的掌櫃：「考斯柯，你這蝸牛，食物已經涼掉了。給我來些剛烤好的新鮮羊肉，也給塔卡德來一份特大的羊肉，我老朋友的這個兒子已經餓扁了，他可以和我一同享受食物。」

達巴希爾就此講完舊巴比倫駱駝商的故事。當他明瞭古代智者早就知道並延用多時的偉大眞理時，他便找回他自己的靈魂。

這個眞理累世以來不斷引導人脫離窮困，邁向成功，且將繼續幫助那些有聰明智慧明白其神奇力量的後代世人。任何人都應該銘記這眞理：

有志者事竟成。

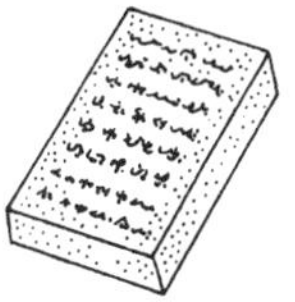

五千年前的泥板

巴比倫廢墟的泥板裡有一位老兄，教了我還債與致富的方法。

英國／英格蘭／諾丁漢市
特倫特河上的紐瓦克
諾丁漢大學／聖施威辛學院
一九三四年十月二十一日

致：英國科學方法探勘／美索不達米亞席拉城
研究中心教授法蘭克林·卡德威爾教授

親愛的教授：

您最近在巴比倫廢墟挖掘出土的五塊泥板及您的來信，已隨同一艘船送達。我對這些文物深感著迷，且開心地花了許多時間逐譯泥板上所刻的文字。我早該立刻給您回信，但是因爲翻譯工作而耽擱了，茲附上全部的譯文如后。

由於您的細心保存及妥善包裝，這些泥板送抵時絲毫無損。

當你看完泥板上所描述的故事之後，你將與我們研究室的同仁一樣感到驚訝。

本來，我們期待，這幾塊屬於遙遠過去的泥板，能爲我們敘述古代的浪漫與傳奇，就像「天方夜譚」那樣的故事。然則我們研究發現，這些泥板上刻畫的故事，是講一個叫做達巴希爾的人如何還清債務。但是我們也了解到，那個遠古時代的狀況，與五千年後的今天並沒有什麼兩樣。

非常奇怪的是，就像學生們所形容的，這些古老的文字敘述「在跟我開玩笑」。身爲一個大學教授，我被看成是擁有各方面實用知識的思想家。但是從巴比倫廢墟的泥板裡冒出來的這個老兄達巴希爾，卻教了我從未聽過的償債及致富的方法，亦即如何在清償債務的同時，讓荷包裡增加叮噹作響的金子。

我覺得這眞是令人開心的想法，很有意思的是你可以實行這些方法，證明古巴比倫的這套方法今天是否仍能應驗。我太太和我正計畫要試一試這些方法，來解決我們自己有待改進的理財問題。

願你正在進行的重要考古挖掘工作能有好運氣，我切切地等候再有機會助您一臂之力。

舒貝里　敬啓

第一塊泥板

此刻，已是月圓時分。我，達巴希爾，最近才剛從敍利亞逃脫奴隸的身分，回到巴比倫，決心要償還我所有的債務，做一個值得巴比倫同胞尊敬的富人。茲刻下有關我償債過程的永久紀錄，好一路引導我，幫助我實踐我最深切的願望。

在我的好友錢莊老闆馬松睿智的忠告之下，我決心切實執行一項嚴正的計畫。馬松說，這項計畫將引導任何知恥的人脫離債務，邁向富裕和自重。

這項計畫包括我所切慕、渴望的三大目的。

第一，這項計畫旨在供應我未來的富足。因此我所有收入的十分之一必儲存起來。馬松說得很有道理，他說：

「人若將他用不著的黃金和銀子存在荷包裡，將爲家人帶來益處，也等於是效忠他的國王。

「在他的荷包裡只留一丁點銅板的人，就是對家人和國王漠不關心。

「但是那些完全沒有積蓄的人，則是對家人殘忍，且不忠於國王，因爲他自己的心也很苦。

「因此，盼望有所成的人荷包裡必須有些錢，這樣他心裡才能愛他的家人，並為國王效忠。」

第二，這計畫旨在使我能供養我愛妻的衣食。原回去投靠娘家的妻子，現在已回到我身邊，對我忠貞不二。因為馬松說，妥善照料忠心的妻子，將使一個男人感到自重，且加強他完成人生目標的決心和毅力。

因此，我所賺的錢有十分之七將用來養家，讓家人衣食溫飽，同時有些錢撥做額外的開銷，以免生活缺乏樂趣和享受。但是馬松進一步吩咐，為了達成我的人生目的，我們所花費的最大限度不要超過我收入的十分之七。這樣才能促使我的計畫成功。我必須嚴格遵守只花十分之七收入的規定，絕不花更多的錢，或購買超出我收入的十分之七所能負擔的物品。

第二塊泥板

第三，這項計畫旨在使我能用部分收入清償債務。

因此每次月圓時分，我收入的十分之二，必須老實、公平地分成兩半，還給曾信賴我，借我錢的債主。這樣，到了時候我必能還淸所有的債務。

因此，我在此要刻下每個債主的姓名，及我欠他們的金錢數目。

法魯，紡織商，兩個銀錢，六個銅錢。

辛賈，沙發匠，一個銀錢。

阿瑪爾，我朋友，三個銀錢，一個銅錢。

詹卡爾，我朋友，四個銀錢，七個銅錢。

阿斯卡米爾，我朋友，一個銀錢，三個銅錢。

哈林希爾，珠寶商，六個銀錢，兩個銅錢。

迪阿貝凱，我父親的朋友，四個銀錢，一個銅錢。

阿卡哈，房東，十四個銀錢。

馬松，錢莊老闆，九個銀錢。

畢瑞吉克，農夫，一個銀錢，七個銅錢。

（從這裡以下，泥板上的字跡殘缺難辨。）

第三塊泥板

我總共欠這些債主一百九十個銀錢，一百四十個銅錢。由於我錢欠得太多，無力償還，以致曾愚昧地讓太太回去投靠老丈人。我也離開巴比倫，想到他鄉異地尋覓賺錢的機會，孰料遇到災厄，最後淪落到被賣成奴隸。

現在，馬松教了我如何以收入的一小部分錢償還債務，我這才領悟到，自己因過度奢華而釀成債台高築，自己卻不敢面對，眞是愚蠢至極。

因此我拜訪每個債主，向他們解釋，我除了賺錢的能力之外，沒有別的資源可以還債，我希望將收入的十分之二平分還給債主。我就只能償付這麼多了，再多沒有辦法。因此假如他們有耐心，到時候我終將盡義務全數淸償債款。

阿瑪爾，我當他是我最要好的朋友，但他卻狠狠辱罵我，於是我含羞離開他。農夫畢瑞吉克則要求我先還他錢，因爲他極需要用錢。房東阿卡哈很難妥協，他堅持要我立即將所有能還的錢都還他，否則他要我好看。

其餘的債主均接受我的建議。因此我更堅決要實踐我的承諾，我相信還債比躲債更容易。即使我無法滿足有些債主的需要和要求，但是我已與部分債主達成協議。

第四塊泥板

又再次月圓了，我以自在的心情辛勤工作。我的好太太非常支持我的償債計畫。由於我們明智的決心，一個月來，我為主人駱駝商納巴圖買了一批力氣大、雙腿強健的駱駝，因而賺了十九塊銀錢的工資。

我依計畫將收入分配運用。其中十分之一存起來，十分之七交由妻子做家用。剩下的十分之二平分成若干銅錢，還給一些債主。

我並未遇見阿瑪爾，於是把償還的款項交給他妻子。畢瑞吉克收到我的償款時，高興得簡直要親吻我的手。只有老阿卡哈發牢騷，要我還得再快一點。我回答，假如我能吃得飽，不必為生活擔憂，我就能更快把欠他的錢還完。其他債主則感謝我，並且誇獎我的努力。

因此，一個月後我所欠的債已減少了近四塊銀錢，而且因為有兩塊銀錢找不到債主還，所以存了起來。我長久以來不得稍解的鬱悶心情，終於輕快了些。

又到月圓時分，我非常辛勤工作，但業績不佳。我找不到多少駱駝可以收購，因此這個月只賺到十一塊銀錢的工資。儘管我們夫妻倆因此無法買新衣服，且只能吃粗茶淡飯，但是我們仍堅持執行償債計畫。我再度從十一塊銀錢中存下十分之一，並拿十分之七做家用。當阿瑪爾誇獎我還他一些小錢時，我非常驚訝。畢瑞吉克也讚揚我。阿卡哈則暴跳如雷，但是我告訴他，假如他嫌少不要的話，我將收回來，他才妥協。其餘債主就像從前一樣，對我的償還感到滿意。

又到月圓時分，我非常高興，因爲我遇到一大群極俊美的駱駝，買下其中一些健壯的，因此我這個月的工資高達四十二塊銀錢。於是這個月我們夫妻倆買了幾雙必要的涼鞋和衣服。同時我們也吃到羊肉和禽肉。

我們也還了超過八塊的銀錢給債主。連阿卡哈都不再抗議了。

這個計畫眞是太棒了，因爲它使我們逐漸脫離債務，且使我們開始有些積蓄。自從我刻這泥板以來，已經過了三個月圓。每一次月圓時我總是存下十分之一的薪水。儘管有時候非常拮据，但是每一次我們夫妻倆仍然只靠著另十分之七過活。每一次我也都按計畫拿出十分之二的薪水償還債務。

現在我的荷包裡已有二十一塊銀錢。這使我終於能在朋友間抬頭挺胸了。我太太把家操持得很好，我們又能穿上體面的服飾了。我們很高興能住在一起。這項計畫實在具有難以言表的價值，讓我這昔日的奴隸變成體面的人了，不是嗎？

第五塊泥板

月又圓了。自從我刻寫泥板以來，已經有好長一段時間，我記得已過了十二個月圓了。但是今天的事絕不能略去不記，因爲今天我還了最後一筆債。我太太和充滿感激的我，大擺宴席，慶祝我們的決心終於達成目標，償清了債務。

當我最後一次去找債主還錢時，發生許多令我終身難忘的事。阿瑪爾要求我原諒他過去不厚道的謾罵，並且說我是他最希望結交的朋友之一。

老阿卡哈也不那麼惡臉相向了，他說：「你原來只像是一塊軟趴趴的泥巴，任人擠壓，但是現在你已變成一塊足以抵擋利刃的銅塊。假如你需要銀錢或黃金，隨時可以再來找我借。」

不只阿卡哈對我敬重有加。其他許多債主也以恭敬的態度另眼看待我。我的好太太看我的眼神更令我備覺自信。

這項促使我邁向成功的計畫，讓我能還淸所有的債務，且存下許多黃金和銀錢。我推薦所有盼望飛黃騰達的人照此計畫而行。因爲，假如這計畫眞能讓一位昔日的奴隸償還所有債款，且讓他存下許多黃金，那麼它難道不會幫助其他人找到獨立自主的路嗎？我自己到現在都還沒有完全達成這個計畫，我相信，假如再接再厲執行下去，我必然會成爲富翁。

英國／英格蘭／諾丁漢市
特倫特河上的紐瓦克
諾丁漢大學／聖施威辛學院
一九三六年十一月七日

致：英國科學方法探勘／美索不達米亞席拉城研究中心教授法蘭克林・卡德威爾教授

親愛的教授：

假如您在進一步挖掘巴比倫廢墟時，遇見住在古巴比倫的駱駝商達巴希爾的靈魂，請幫我一個忙。告訴他，他遠古時候刻在那些泥板上的事，已經贏得當代英格蘭若干大學師生一輩子的感激。

您可能還記得我一年前寫給您的信，提到我和我太太準備進行達巴希爾的計畫，在還償債務的同時，存下一些錢。儘管我們一直試著不讓朋友們知道我們夫妻倆非常窮困，但是你可能早已經猜到了。

多年來，我們受盡舊債的折磨與屈辱，並且非常擔心，可能會有零售商四處宣傳我積欠他們債務的事，因而演成醜聞，迫使我不得不離開這所大學。我們一直努力償還債務，一分一毫能省的都省下來還債，但是始終無法還清全部債務。此外，我們還到其他肯讓我們多賒些帳的商店購物，顧不得這些商店的東西比較貴。日復一日，只造成惡性循環。我們的掙扎也變得越來越無出路。由於我們還積欠房東很多房租，所以一時間仍無法搬去租較便宜的房子。看來，我們似乎一點也沒辦法改善這些情況。

就在這時，冒出你認識的一位朋友，來自巴比倫的駱駝商老達巴希爾，他的計畫正是我們渴望達成的目標。他讓我們深感鼓舞，願遵行他的計畫。我們列出所有債務的清單，並且將這清單拿給所有債主看。

我向他們解釋，再這樣下去，我們根本無力償清債務。他們立即從這張清單中了解我的實際情況。接著我向他們解釋說，我唯一能還完債務的方法，就是每個月從薪水中撥出百分之二十，平均攤還給每個債主，這樣，大約兩年多後，便能償還全部債務。同時，也讓我們逐漸有能力用現金購物，讓他們獲得付現的利益。

這些債主都相當寬容。其中一位聰明的商人且建議更週到的還債方法。他說：「假如你現在就開始用現金支付所買的任何東西，並且還掉部分的賒帳，這樣會比你以前賒帳的作法好很多，因爲你已經有三年沒有償付過賒債了。」

最後我與每一位債主達成協議，只要我按時將百分之二十的薪水平均攤還他們每個人，他們就不能來打擾我們。

做這樣的改變簡直像探險。能按這樣的計畫行事，且遊刃有餘地運用另外百分之七十的薪水舒適過活，我們感到非常高興。接下來，我們暫時不買我們平素愛喝的那幾款好茶和其他東西，不久，我們便驚喜地發現，原來我們經常可以用更便宜的價錢買到更高級的好貨。

這整個過程很長，實在是一言難盡，但事實證明，要達成這計畫並不困難。我們一直認眞地這樣理財，且對我們一步步的成就感到興高采烈。能這樣解決債務，不再受舊債的纏累，是多麼令人開懷的事啊！

我不能不提我拿去存起來的另百分之十薪水。我們眞的有時候荷包裡會有一點餘錢。別笑得太快！這才是精彩的地方。開始把不想花的錢儲存起來，眞的是很有趣的事。攢積餘錢，比花掉餘錢更令人感到高興。

在我們擁有令人滿意的一堆餘錢之後，我們發現更有利的用錢方法。我們每個月固定撥百分之十的薪水從事一項投資。而這一項投資，便成爲我們洗心革面過程中最令我們感到滿足的事。我每個月都會將第一筆開銷用在這項投資上面。

看著我們的投資穩定獲利，我們非常有安全感。等學期結束時，這筆投資的利得將夠我們過舒適的生活，到那時，我們便可以開始靠投資的獲利過生活了。

這跟我過去僅靠一份舊薪水餬口的光景，眞是不可同日而語。事情令人難以置信，卻絕對是眞的。我們所有的債務已經還得差不多了，同時我們的投資也持續在加碼當中。此外，我們理財的技巧也比以前好。誰能相信，遵行理財計畫與否，居然有這麼大的差別。

明年底，我們所有的債務將全部還清，到那時候，我們將擁有更多餘錢可以做投資，此外，我們還有餘錢可以去旅行。我們決定，絕不再讓開銷超過薪水的百分之七十。

現在你應該可以了解，爲什麼我們要特別向那位巴比倫老兄達巴希爾致謝了罷！他的理財計畫，挽救了我們，使我們免於沈淪在「人間地獄」中！

達巴希爾一定知道這一切的。他畢竟是過來人。他希望其他人也能從他痛苦的經驗中學到教訓。否則他何必要花那麼多時間，辛苦將自己的故事刻在泥板上。

他帶給那些遭受過同樣痛苦經歷的人非常眞實的訊息，這些非常重要的訊息，直到五千年後的今天，從巴比倫的廢墟中被挖掘出來時，其眞實性和正確性仍不減當年。

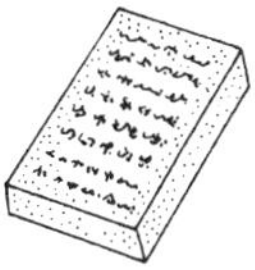

考古系教授

舒貝里　敬啓

最幸運的人

「工作使我獲得了成就；工作也是我最大的人生樂趣。」

巴比倫商界的佼佼者薩魯納達，神氣地騎著馬，走在商隊的最前面。他喜歡穿著看起來體面又合適的好衣服；他也喜歡品種優良的馬，喜歡舒舒服服坐在馬上。看他此刻的模樣，任誰都猜不到他早年的光景如何。當然，他們絕不會懷疑他內心曾經有些難題。

從大馬士革回巴比倫的路途非常遙遠，而穿越沙漠的路程十分艱辛。沿途的阿拉伯部落非常兇猛，隨時伺機洗劫過往的富庶商隊。薩魯納達一點也不害怕，因爲他雇用了大批善騎的保鑣隨行，安全無虞。

但是他從大馬士革帶在身邊的一個年輕人，哈丹．古拉，令他十分困擾。哈丹．古拉是他往日商場夥伴及恩人阿拉德．古拉的孫子，薩魯納達總覺得，自己一輩子報答不了阿拉德的恩情。他很願意爲阿拉德的孫子盡點心，但是他越想，就越因爲這個年輕人種種與他格格不入的性情，而無法幫他。

薩魯納達瞥一瞥這小伙子身上的戒指和耳環，心想：「他還以爲珠寶是給男人穿戴的，虧他長得還挺像他祖父。他祖父可從來不做這樣俗麗的裝扮。然而我帶他出來，目的便是希望能幫他奠定自己的基業，脫離他父親傾家蕩產的陰霾。」

哈丹・古拉打斷薩魯納達的思緒，問道：「你爲什麼要那麼辛苦工作，千里迢迢騎著馬，帶領商隊長途跋涉呢？你從來不找時間享受人生嗎？」

薩魯納達笑一笑，回答：「享受人生？假如你是我，你會怎麼享受人生呢？」

「假如我像你那麼有錢，我將過得像個王子一樣的生活。絕不這麼辛苦地橫越酷熱的沙漠。我會快快花掉進入我荷包的每一塊錢。我將穿戴最華麗的衣服和稀世的珠寶。那便是我喜歡的生活。」哈丹・古拉言畢，兩人都笑了。

薩魯納達想也不想便說：「你祖父可是從來不戴珠寶的哦！」接著他開玩笑說：「你從來不找時間工作嗎？」

哈丹・古拉回答：「工作是給奴隸做的。」

薩拉納達下一句話已經到嘴邊，但不作答了，他靜默地騎著馬，直到前面的道路引領他們下坡。他調轉一下馬頭，轉向遙遠的綠色山谷，並對小伙子說：「看，快到那山谷了。你往遠方望去，就可以隱約看到巴比倫的城牆。那個高塔就是貝爾神殿。假如你的眼睛銳利的話，或許還可以看見，貝爾神殿屋脊上的永恆之火火冒出煙塵。」

哈丹・古拉評論道：「所以，那就是巴比倫城囉？我一直渴望見識一下這個全世界最富有的城市。巴比倫是我祖父白手起家的地方。他要是仍然活著就好了。我們的生活也不會這麼窘迫。」

薩魯納達：「你爲什麼希望祖父的靈魂能超越他在世的時日，留存到今天呢？你和你父親也能克紹箕裘啊！」

「唉，我們父子倆都沒有祖父的天賦。我們根本不知道祖父賺錢的秘訣。」

薩魯納達不再回答，只顧再次調轉馬頭，若有所思地騎下坡，往山谷方向而去。跟隨在他們後面的商隊，一路揚起漫天飛舞的紅色沙土。稍後，他們抵達巴比倫國王的大道，並且轉向南方，穿過已灌溉的水田。

有三位正在犁田的老農夫引起薩魯納達的注意。薩魯納達覺得他們似曾相識，卻又陌生。多麼可笑的感覺！一個人不會四十年未經過這片田，如今舊地重遊，卻發現同一群人還在犁田吧！但是薩魯納達心裡響起一句話：沒錯，這些農夫就是四十年前的同一批人。這時，其中一位農夫可能因爲手磨得有點痛，所以停下來扶著犁把。另兩人則費力地在牛旁邊拖著沈重的步伐犁田，他們用木棍打牛，催促牠耕田，但白費力氣，牛不太理睬。

四十年前，薩魯納達非常羨慕這些農夫！那時他多麼巴望能與他們角色對調！但是現在的情況已大大改觀。他帶著傲氣，回眸望一望跟在他身後那一群浩浩蕩蕩的商隊、精挑細選的駱駝和驢子，滿載著從大馬士革運回來的珍貴貨品。而這些只不過是他總財產的一小部分罷了。

他指著那些犁田的農夫，對哈丹・古拉說：「這些人跟四十年前一樣，還在犁同一塊田。」

「看來像是如此，但是你爲什麼會認爲，他們就是四十年前的那些農夫呢？」

認爲自己白費力氣的薩魯納達回答：「我在這裡見過他們。」

薩魯納達的內心，同時快速地回憶著過去那四十年的經歷。爲什麼他無法埋葬過去，活在現在呢？這時他看見阿拉德・古拉正在微笑。他和身邊這個玩世不恭的小伙子之間的隔閡，剎時消失得無影無蹤。

但是他如何協助這個滿腦子只想揮霍，且裝扮得珠光寶氣的優秀青年呢？要工作，他多的是工作機會可以提供給任何想工作的人，然而，對於自認優秀不必工作的人而言，再多的工作機會都沒有用。只是他虧欠阿拉德・古拉太多了，他是真心想幫助他孫子。他和阿拉德・古拉的生活態度，從來不像哈丹・古拉一樣。他們都不是揮霍的人。

薩魯納達心裡閃過一個計畫，但心裡卻又做難。因爲他必須考慮到他自己的家庭和現在的身分地位。這個計畫是殘忍的，會傷到人。但他是個當機立斷的人，他壓下心裡的反對聲浪，決定放手一搏。

他問哈丹・古拉：「你有沒有興趣聽一聽，你有錢的祖父和我是怎麼合夥做生意致富的？」

年輕人追問：「告訴我你們是怎麼賺到錢的就夠啦，那才是我有必要知道的。」

薩魯納達不理會他，接著說：「剛開始的時候，我們與這些農夫一同犁田。我那時的年紀和你現在差不多。跟我鍊成一排的農夫當中，有一位老兄梅吉多，他嘲笑那些農夫草率的犁田方式。梅吉多和我鍊在一起，他抗議說：『看看那群懶惰的農夫，根本沒有握緊犁，耕得深一點，鞭打牛的人也沒讓牛用力耕深一些。這樣怎能期待有好的收成呢？』」

哈丹・古拉驚訝地追問：「你是說梅吉多和你鍊在一起？」

「是的，銅製的鐐銬套在我們的脖子上，中間有一條長長的鍊子連著。梅吉多旁邊鍊著的那個人，是偷羊的賊薩巴多。我是在我的故鄉哈容認識薩巴多的。鍊在最邊邊的那個人，我們叫他『海盜』，因為他並未將眞實姓名告訴我們。我們判斷他可能是個水手，因為他胸部刻著蛇圖案的刺青，這是當時水手們流行的紋身圖案。我們被鍊成一排，這樣才能四個人四個人並排走路。」

哈丹・古拉不敢置信地說：「你被當做奴隸鍊起來？」

「你祖父難道沒告訴過你，我曾經是個奴隸？」

「我祖父經常提起你，但是他的話裡從來聽不出你曾經當過奴隸。」

薩魯納達直視著哈丹・古拉，說：「他確實是個值得信賴，可以託付任何秘密的人。你也是我可以信賴的年輕人，不是嗎？」

哈丹・古拉說：「你可以信賴我絕不會說出去，但是這件事我非常驚訝。告訴我，你是怎麼變成奴隸的？」

薩魯納達聳聳肩，說：「任何人都可能發現自己是某種奴隸。賭場和啤酒把我害慘了。我哥哥魯莽行事，我可成了受害者。他在一次爭吵中錯手殺了他的朋友。我父親因為拚命想辦法要打贏官司，好救我哥哥免遭起訴，於是把我抵押給一位寡婦。但是我父親後來湊不到足夠的銀錢可以把我贖回去，於是寡婦一怒之下，又把我賣給做奴隸交易的商人。」

哈丹·古拉抗議說：「眞是不要臉，不公義到家！但是，你是怎麼重獲自由的？」

薩魯納達說：

我們會談到這一段，但是慢著點。讓我繼續講下去。當我們經過那群懶惰的農夫身邊時，他們也嘲笑我們。其中有一個農夫脫下他破爛不堪的帽子，對我們行了一鞠躬，大叫：「歡迎光臨巴比倫，國王的貴賓們！國王正在城牆那邊等著各位大駕光臨，為你們大擺宴席，有泥磚和洋蔥湯。」說得一群人哄堂大笑。

海盜非常憤怒，嚴厲地咒詛他們。我問他：「那些人說，國王正等著在城牆那邊宴請我們，這話什麼意思？」

他回答：「就是到城牆那邊挑磚塊，挑到你的背折斷了爲止。也許在你折斷腰背之前，早就被國王的部下打死了。他們絕對打不了我。我會跟他們拼了。」

這時梅吉多說：「我並不認爲做主人的會把願意辛勤工作的奴隸打死。因爲他們喜歡好奴隸，也非常善待這些好奴隸。」

薩巴多問：「誰辛勤工作了？那些辛勤工作的農夫，都是明哲保身的傢伙。他們才不會把背給累斷了。他們只是裝得一副很辛勤的樣子，事實上能混就混。」

梅吉多抗議：「你根本偷不了懶。假如你犁了一公頃，主人會知道你今天做得非常好，但是假如你只犁了半公頃，那明顯就是偷懶。我一點也不偷懶。我喜歡工作，喜歡把工作做得很好，因爲工作是我最好的朋友。工作使我曾經擁有一切好東西，包括農田、母牛和農作物及一切一切。」

薩巴多嘲笑說：「是啊，那些東西如今在哪裡呢？我看莫如人聰明，有錢可拿，不必工作。假如我們被賣到城牆邊，你看我薩巴多，必定被派去挑水或做其他輕鬆的工作，而你，喜歡工作的傢伙，會被派去挑磚直到折斷了背。」他邊說邊蠢笑。

那天晚上，恐懼深深縈繞我心頭。我輾轉反側，難以入眠。當其他同鍊的人都睡著時，我挨近警衛的界限繩，故意吸引第一班警衛戈多索的注意。戈多索是阿拉伯強盜，阿拉伯強盜素來生性兇殘，只要他看上你的錢囊，就必奪去，同時割斷你的喉嚨。

我低聲詢問：「戈多索，告訴我，我們要是到了巴比倫，會不會被賣到城牆邊呢？」

他好奇地追問：「爲什麼想知道這件事？」

我央求：「你難道不了解嗎？我還年輕呢！我想活下去。我不想在城牆邊被迫奴役或被打死。我有沒有機會遇到好的主人？」

他低聲回答：「我告訴你。你是個好傢伙，從不給我惹麻煩。通常你們會先被帶到奴隸市場。你仔細聽，當買主來時，你就告訴他們，你是個好工人，喜歡爲好主人辛勤做工。説服他們買你。假如你沒能説服他們將你買回去，第二天你就等著去城牆那邊挑磚塊吧！辛勤工作的力量何其偉大！」

戈多索離開後，我躺在溫熱的沙地上，望著天上的星星，想著工作的問題。梅吉多曾説過，工作是他最要好的朋友，這話令我思想，工作是否也是我最要好的朋友？假如工作能促使我脱離這種生活，那它當然是。

等梅吉多醒來時，我輕聲將這些好消息告訴他。那是我們在邁向巴比倫途中的一道生命曙光。那天下午，我們抵達巴比倫城牆邊，看見一排又一排的奴隸，像黑色的大螞蟻一樣，在陡斜的道路中爬上爬下。當我們再挨近一些時，赫然看見成千上萬的人正在做苦工；有些人在挖護城河，另一些人將沙土混進泥磚裡。其餘絕大多數的人都在挑一籃一籃的磚塊，往陡坡方向走，準備挑到坡頂的大廈去。（註：古巴比倫最有名的古蹟就是城牆、神殿、空中花園和大運河，這些全部都是奴工建造的，當時的奴工主要是戰俘，這或許足以解釋爲什麼奴工總是遭到不人道待遇。這一幫奴工裡，包括了因爲犯罪或欠債而被賣做奴隸的巴比倫城居民及各省的人。當時巴比倫的男人習慣以他們自己、自己妻子或子女爲抵押，當作貸款、贏得訴訟或其他責任的擔保。一旦無法償還債務或盡責任時，這些被質押的人便會被賣做奴隸。）

監工不斷咒罵動作散漫的奴隸，並且猛抽鞭子，笞打那些跟不上隊伍的。有些可憐、疲憊不堪的奴隸，步履益發蹣跚，終致不支倒地，無法再爬起來。假如鞭笞仍無法讓他們再站起來的話，他們便會被拖到路旁，蜷曲著身子蹲下。但是不多久，他們就會被拖去與另一堆怯懦畏縮的奴隸集合，等著被丟進墳墓。看著這些陰森恐怖的情景，我全身顫抖。假如我父親無法將我贖回去的話，他兒子就等著受這些苦了。

戈多索說得一點也沒錯。我們被人帶著穿過城門，進入關奴隸的牢裡，第二天再進奴隸市場的圍欄內。在這裡的奴隸都怕得胡亂推擠，總是要守衛的皮鞭才能逼促他們往前移動，讓買主打量。梅吉多和我，希望向每一個允許我們溝通的買主表明心意。

賣奴隸的商人，帶了國王衛隊的軍官前來，結果挑上海盜，士兵將他銬上，他一反抗，士兵立刻不留情地抽他鞭子。當他們把海盜帶走時，我替他感到難過。

梅吉多感覺快要輪到我們了。沒有買主挨近我們時，梅吉多熱切地以「工作對我的未來是多麼重要」之類的話安慰我，他說：「有些人討厭工作，把工作當敵人。但是你不要在意工作的艱難。當你想到自己已經蓋了一幢多麼漂亮的房子時，又怎麼會在意當初搬那些棟樑有多重，爲了混合灰泥挑那些水回來有多遠。答應我，小伙子，假如你被買走，就盡力爲你的主人工作。假如他一點也不激賞你所付出的勞力，也不要介意。記住，你只管把工作做好，並且協助其他人做好他們的工作。這樣你便會成爲更好的人。」梅吉多不再多說，因爲這時有一位粗壯的農夫到我們這個圍欄來，仔細打量我們。

梅吉多詢問農夫有關他的農田和收成的事之後，便立刻自薦，說服農夫買他。農夫與奴隸販幾經激烈的討價還價之後，從袍子裡拿出鼓鼓的錢袋，付了錢，便帶走梅吉多。

那一個早上還有許多奴隸被買走。到中午時，戈多索偷偷告訴我，奴隸販已經不耐煩了，他懶得再折騰到明天晚上，所以可能到今天傍晚，就把所有剩下的奴隸全部交給國王的部下。我正感到絕望時，有一位看來和靄的胖師傅走到靠牆的這一邊，詢問奴隸當中有沒有麵包師傅。

我立刻對他說：「爲什麼像你這樣好的麵包師傅必須以較差的方式，到這種地方來找幫手呢？找一個樂意學做糕餅的人，不是比找一個現成的麵包師傅更容易嗎？看看我，我年輕力壯，樂意工作。請給我一個機會，我將盡力爲你賺進更多的金銀錢財。」

我這樣的意願令他印象非常深刻，於是他開始與奴隸販討價還價。從未注意到我的奴隸販，這時開始口沫橫飛，誇耀我能力好、身體健壯、個性也好。我覺得自己像一頭肥牛，正要賣給屠夫。最後成交了，我非常高興。我跟我的新主人離去，心想，我眞是全巴比倫最幸運的人。

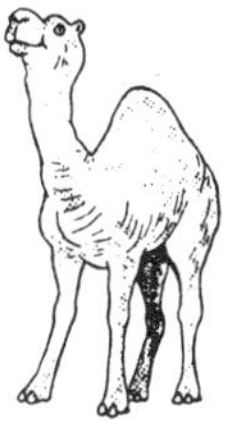

我的新家很合我的味口。我的主人納納奈德，教我怎樣利用後院的石磨研磨大麥，怎樣起爐火，以及怎樣磨出做蜂蜜蛋糕用的上好芝麻麵粉。主人儲存穀糧的倉房中，有一張給我睡的臥鋪。老奴婢史娃絲蒂煮很多好東西給我吃，她非常滿意我幫她做許多粗重的家務。

在這裡，我終於擁有渴望已久的機會，可以讓自己在主人面前做一個有用的人，我希望能找到方法贖回自由。

我請教納納奈德，如何揉麵糰做麵包，如何烘焙麵包。我樂意學習的態度令他非常高興，他也樂於傾囊相授。等我學會之後，我又請他教我怎麼烘焙蜂蜜蛋糕，我一學就會。以後所有烘焙的工作便由我接手做。主人很高興可以休息一下，但是史娃絲蒂很不以爲然，搖頭嘆道：「沒有工作做，對任何人而言都是不好的。」

我感覺該是思考如何賺錢，贖回自由的時候了。我想，我中午做好麵包糕餅之後，假如再去找另一些賺錢的工作，納納奈德應該不會反對，而且他可與我分享我下午賺來的那筆錢。於是我想到，何不多做些蜂蜜蛋糕，拿到街上去向飢餓的人兜售？

我告訴納納奈德：「假如我能在爲你烘焙糕點賺錢之後，利用下午的休息時間出去多賺些錢的話，這樣我就可以擁有自己的錢，去購買每個人都想要和需要的東西，而你可以分享我所賺的錢。這樣不是很好嗎？」

他說這作法很好。當我告訴他，我的主意是到外面去兜售我們做的蜂蜜蛋糕時，他非常高興。他說：「就這麼辦。你以一分錢兩塊蛋糕的價格兜售，每賺得一分錢，就付我半分錢算做麵粉、蜂蜜和柴火的成本費。剩下的半分錢，我們再各平分一半。」

我很高興納納奈德這麼慷慨，願意讓我保留盈收的四分之一。那天晚上我工作到很晚，我做了一個托盤來盛裝要兜售的蛋糕。納納奈德把他的一件破舊袍子給我，好讓我兜售蛋糕時，不致於像個奴隸般寒酸，史娃絲蒂則替我補綴並清洗袍子。

第二天，我多烘焙了幾份蜂蜜蛋糕。下午我用盤子端著這些褐色、熟透，令人垂涎欲滴的蛋糕上街叫賣。起初沒有人有興趣，我感到有些氣餒。但是我繼續叫賣，直到近傍晚，許多人餓了，開始有人來買蛋糕，整盤的蛋糕立刻銷售一空。

看到我賣得那麼成功，納納奈德非常高興，把我當得的錢分給我。我也很高興終於開始擁有自己的錢。梅吉多說得對，主人一定會欣賞為他好好工作的奴隸。那一夜，我對自己的成功實在感到太振奮了，一夜難眠，滿腦子盤算著我一年可以賺多少錢，得花多少年才能贖回自由。

我繼續每天這樣叫賣蛋糕，我很快便發現，已擁有一些固定的主顧客。其中一位顧客就是你祖父，阿拉德．古拉。他是個地毯商，賣地毯給家庭主婦，他經常騎著一匹馱運地毯的驢子，並帶著一個黑奴進出各個城市。他常會來買蛋糕，兩塊自己吃，兩塊給這個黑奴吃，他經常留下來一面吃著蛋糕，一面和我聊天。

有一天，你祖父對我說了些話，我永遠難忘。他對我說：「小伙子，我喜歡這些蛋糕，但是我更喜歡你以良好的企業化經營方式販賣這些糕點。那樣的進取心，將會讓你大跨步邁向成功！」

但是，哈丹．古拉，你能了解這些激勵的話對當時的我是多麼重要嗎？那時，我只是一個孤伶伶流落在大都會中的小奴童罷了，正卯全力奮鬥，尋找門路解脫當奴隸的恥辱。

接著幾個月，我每天繼續存幾分錢，這時我的腰包開始有些重量了。就像梅吉多所說的，工作果然證明是我最要好的朋友。我很高興，但是史娃絲蒂非常憂慮。她抗議說：「你的主人花太多時間在賭場上了，我很擔心。」

有一天，我在街上巧遇梅吉多，喜出望外。他帶了三隻馱運蔬菜的驢子到市場。他說：「我的工作做得非常好，我主人非常賞識我，現在我已經是個工頭了。你看，他託付我重任，負責將蔬菜帶到市場來賣，他並且派人將我的家人帶來與我團聚。工作幫助我從過去的困境中慢慢走出來。總有一天，工作將幫助我贖回我的自由，且再度使我擁有田產。」

時間一天一天過去，納納奈德越來越盼望看見我結束叫賣蛋糕，回到店裡去。

他一直焦急地等著我回去，他好算一算我當天賺了多少錢，然後分帳。他同時敦促我尋找更多市場，增加兜售蛋糕的數量。

我經常跑到城外，向監督奴隸建造城牆的監工兜售蛋糕。我真痛恨回到這種地方，目睹那些令人討厭的情景，但是我發現這些監工是很慷慨的顧客。有一天，我非常驚訝看見薩巴多排在奴隸隊伍中，等著用籃子挑磚塊。我看到他那樣的際遇很難過，於是拿了一塊蛋糕給他，他立刻像餓狼吞象般，將蛋糕一口塞進嘴巴裡。看著他眼神中那種貪婪飢渴的模樣，未等他來得及尋索我的行蹤，我於心不忍，便速速躲開。

有一天，你祖父阿拉德．古拉問我：「你爲何那麼拚命工作？」他問的口氣就像你今天問過我的一樣，你記得嗎？我告訴他梅吉多曾說過的話，以及後來我如何證明工作果然是我們最要好的朋友等事情。我驕傲地拿出飽滿的錢包給你祖父看，並且解釋我打算用這些錢贖回自由。

他追問：「你一旦獲得自由之後，打算做什麼？」

我回答：「那時，我想做生意。」

這時他偷偷告訴我一件我想也沒想到的事情。他說：「你不知道，我現在也是個奴隸，跟著主人合夥做生意。」

哈丹·古拉要求：「停一停，我不想聽到誹謗我祖父的謊言，他絕對不是奴隸。」哈丹·古拉眼中充滿怒火。

薩魯納達依舊鎮定，繼續說：「我非常尊敬他能從不幸的遭遇中翻身，成爲大馬士革的傑出子民。身爲他的孫子，你不是和他從同一個模子出來嗎？你有沒有足夠的男子氣概接受這樣的事實，或者你寧可活在錯誤的假象中呢？」

哈丹·古拉從駱駝鞍上挺直腰來，用極壓抑情緒的聲音回答：「我祖父深受衆人愛戴。他一生行誼不可勝數。敍利亞發生饑荒時，他不是花許多金子到埃及購買糧食，運回大馬士革賑災，才不致有人餓死嗎？現在你卻說，他只不過是個被唾棄的巴比倫奴隸。」

薩魯納達回答：「假如他一直留在巴比倫當奴隸，那可能就非常惹人唾棄，但是當他透過自己的努力，成爲大馬士革傑出的人時，諸神早已免除他的不幸，且敬重他。」

薩魯納達接著說：

他告訴了我他也曾經是個奴隸之後，又解釋他多麼渴望能贖回自由。此刻他已擁有足夠的錢贖身，但是關於自由之後要做什麼，他感到非常困擾。他害怕將不再擁有好業績，也害怕脫離主人的支持。

我對他的猶豫不決深不以爲然，並告訴他：「不要再依附你的主人。重新去享受當自由人的感覺吧！像個自由人一樣地行動，追求成功！你應該決定你想完成什麼目標，然後讓辛勤的工作協助你達成目的！」聽我這樣直言羞辱他的怯懦，他說他很高興，而後離去。（註：古巴比倫訂有嚴格法律，保障奴隸若干權益，這做法可能令現代人感到矛盾。例如，巴比倫奴隸可以擁有財產，甚至可以擁有無人認領的奴隸。奴隸可以自由和非奴隸互相通婚。母親若是自由人，不論父親是否爲奴隸，他們所生的子女也是自由人。巴比倫大部分的商人都是奴隸。有許多奴隸和主人合夥做生意，且本身非常有錢。）

有一天我又到城門口兜售蛋糕，卻驚訝地發現那裡聚集了許多人。我問一位老兄怎麼回事，他回答：「你沒聽說嗎？有一位脫逃的奴隸殺了國王的一名衛兵，所以被交付審判。今天他將遭鞭笞的死刑，國王也將親自到場觀看行刑。」

鞭笞台周圍擠滿了人潮，我不敢挨近人群，以免我裝蛋糕的盤子被擠翻了。因此我爬到尚未完工的牆垣上，越過衆人的頭看個究竟。我很幸運找到一個位置，可以清楚看見巴比倫國王尼布甲尼撒本人騎著金色戰車而來。我從未見過那樣豪華的場面、那樣華美的龍袍和金縷衣，還有天鵝絨的布料。

儘管我聽到那個可憐奴隸的慘叫聲，但是我看不見鞭笞的畫面。我眞不敢相信，像我們英俊的國王那樣高貴的人，怎麼忍受得了看到這種場面，但是尼布甲尼撒王卻一邊看，一邊與他身旁的貴族聊天說笑。這令我領悟到尼布甲尼撒王是個殘忍的君王，我也終於了解，他爲什麼如此不人道，要奴隸建造城牆。

那個奴隸被鞭死之後，屍體被吊在一個桿子上示衆。當群衆逐漸散去，我走上前看。我看到這個奴隸滿是胸毛的胸膛刻著兩條蛇的刺青。天啊！是海盜。

等我再遇到阿拉德·古拉的時候，他已經變了一個人。他非常熱心地和我打招呼：「看啊，你認識的那個奴隸現在已經是個自由人了。你的話眞是充滿魔力。我銷售貨物的數量和利潤不斷增加。我妻子實在太高興了，她是個自由人，是我主人的姪女。她非常希望我們能搬到陌生的城市去，在那裡沒有人會知道我曾經是個奴隸。我們的子女也不致重蹈覆轍。工作已變成我最好的幫手，工作使我重獲自信，並且恢復做生意的信心和能力。」

我也很高興能用如此渺小的方法，報答他給過我的鼓勵於萬一。

有天晚上，史娃絲蒂非常沮喪地來找我，她說：「你的主人陷入麻煩了。我眞替他擔心。幾個月以前，他在賭場輸了許多錢，所以還沒有付穀糧和蜂蜜的錢給農夫，也沒有還錢給債主。那些債主和農夫非常生氣，而且恐嚇他。」

我不經思考便問：「爲什麼我們得爲他的愚昧行徑擔憂呢？我們又不是看管他的人。」

史娃絲蒂罵道：「你這蒙昧的年輕人，你根本不知道。主人拿你去質押借錢。依法，你是主人的財產，他可以把你賣掉。我不知道怎麼辦。他是個好主人，但是爲什麼，爲什麼偏偏遇上這種麻煩？」

史娃絲蒂的擔憂不是沒有道理的。第二天當我在烘焙麵包時，有個債主帶了一個名叫薩希的人來。這個人上下打量我，然後說，他覺得我可以。

於是這個債主不等我主人回來，便叫薩希把我帶走。當時我只披了一件袍子，腰間掛著一袋裝滿錢的袋囊，顧不得爐子裡的麵包尚未烤熟，就匆匆被帶走了。

我就這樣從自己建築的希望中被捲走，彷彿森林裡的樹木被颱風颳到波濤洶湧的汪洋。我再度成了賭場和啤酒的受害者。

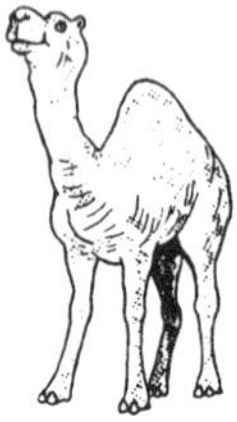

薩希是個魯鈍的人。他帶我穿過巴比倫城時，我告訴他，我是如何忠心地爲納納奈德工作，我也盼望能好好爲他工作。但是薩希的回答，一點鼓勵人的味道都沒有，他說：

「我不喜歡那樣的工作。我的主人也不喜歡。國王叫我的主人派我去修築大運河的其中一段。於是我主人叫我去多買些奴隸，辛勤工作，早日把修築的工程做完。嗤！那麼大一個工程，誰可能很快就把它修築完畢！」

想像一下，一棵樹也沒有的沙漠裡，只有幾株矮灌木，烈陽如炙，曬得水壺裡的水滾燙，根本沒辦法喝。想像一下，一排排的奴工從天亮做到黑夜，不斷往下走進很深的壕溝，挑著沈重的幾桶泥土上岸。再想像一下，給奴工吃的食物就裝在像豬飼料槽一樣細長、敞開的器皿內。沒有帳篷，沒有稻草鋪的床。這些便是我的景況。我把我的錢袋埋在一個做了記號的地方，深怕日後自己無法挖出這些錢。

起初我非常樂意工作，但是幾個月下來，我的精神簡直崩潰。我疲弱的身體染了熱病。我一點胃口也沒有，整天吃不到幾口羊肉和蔬菜。晚上我輾轉反側，無法成眠。

我在這樣的悲慘遭遇中，開始想著以前的奴隸同僚薩巴多說過的，混水摸魚避免讓自己做到折斷了背的妙方！但是我又想起我和薩巴多在一起的最後一個晚上，當時我就知道他這種方法並非上策。

我又想起海盜的痛苦遭遇，並且想著也許最好像他一樣反抗到死爲止。但是回想起他被鞭得鮮血淋漓的樣子，我覺得這個計畫也沒有用。

接著我又想起最後一次遇見梅吉多的情景。他的雙手因爲辛勤工作而長了厚厚的繭，但是他的心情非常輕快，臉上洋溢著幸福。顯然梅吉多的計畫才是最好的計畫。

然而，我是和梅吉多一樣十分樂意工作的人；梅吉多可能都還沒像我那麼拚命工作呢！但是，爲什麼我的工作卻未帶給我幸福和成功呢？難道工作帶給梅吉多幸福和成功，只不過是出於神的眷顧？難道我這輩子就要這樣無止境地工作下去，卻永遠得不著我想望的東西、幸福和成功嗎？這些問題湧上心頭，我找不到答案。事實上，我非常困惑。

幾天之後，我的忍耐彷佛已到了盡頭，而我的問題卻仍然沒有答案，這時薩希召喚我。因爲有一位信差受主人之託，要把我領回巴比倫。我挖出先前埋藏在地裡的錢囊，穿上破破爛爛的袍子，跟著信差回他主人的家。

一路上，我發著高燒的腦袋瓜子裡，總想著自己的人生彷佛遇到颱風被捲來捲去。我的光景，好比故鄉一首歌謠的詭異歌詞：

厄運彷佛龍捲風，

像暴風雨般將人捲走，

其行蹤無人跟得上，
其結局無人能逆料。

難道我註定要受到這樣的懲罰而不知爲何受罰嗎？此後，還會有什麼新的悲慘遭遇和失望等著我呢？

當我們來到我主人家的院子時，我多麼驚訝是阿拉德．古拉在等著我。他幫我卸下行李，擁抱我像擁抱一個多年不見的親兄弟。

當我們往前走時，我按著奴隸該有的禮貌跟在他後面，但是他不准我這麼做。他的手臂環繞著我的肩膀，說：「我到處找你。當我幾乎放棄希望時，我遇到史娃絲蒂，她告訴我你主人的債主是誰，這位債主又告訴我，買下你的新主人是誰。這個新主人確實跟我討價還價，令我付了相當大的一筆錢，但是你値得我這麼花錢。你的人生哲學和你的進取心，一直使我深受鼓舞，使我能獲得今天這樣的成就。」

我插嘴說：「那是梅吉多的人生哲學，不是我的。」

他說：「那是你和梅吉多的哲學。你們兩人我都感謝。現在，我們全家將要去大馬士革，我需要你做我的夥伴。看，再過一會兒，你就是個自由人了。」他一面說著，一面從袍子裡拿出一塊刻了我姓名，表明我奴隸身分的泥板。他拿起這塊泥板高舉過頭，再重重往地上摔成碎片，然後興高采烈地在那些碎片上踐踏，碎片化爲塵埃。

我的眼眶滿是感激的淚水。我知道，我是全巴比倫最幸運的人。

你看，工作就是這樣適時地在我最悽慘的時候，證明它是我最要好的朋友。我樂意工作的心態，使我能逃過被賣去當修築城牆之奴隸的命運，同時使你祖父對我的印象深刻，他挑選我做他的夥伴。

哈丹・古拉問道：「工作難道也是我祖父致富的秘訣嗎？」

薩魯納達回答：「打從我第一次認識他的時候，便看見工作是他唯一的致富秘訣。你祖父非常享受工作。諸神很賞賜他的辛勤努力，也給了他慷慨的報償。」

哈丹・古拉若有所思地說：「我現在才開始體會到，工作使我祖父吸引許多景仰他勤勉精神的人，與他做朋友，且使他獲致成功。工作也使他在大馬士革贏得榮譽。工作使他獲得所有的東西。我還以爲，工作只是奴隸做的事情。」

薩魯納達下了評論：「人生充滿各種值得享受的樂趣。每一種享受都有其重要性。我很高興工作不是只爲奴隸而設的，否則，我最大的人生樂趣就被剝奪了。我也擁有其他許多享受，但總沒有一樣享受能取代工作在我心目中的地位。」

這時，薩魯納達和哈丹・古拉兩人，已來到巴比倫城牆蔭影處，繼續往巨大的銅製城門邁去。當他們行經城門時，城門的衛兵立即跳起來站直，向這位榮耀的巴比倫子民敬禮。薩魯納達高高抬起頭來，昂首率領一長列的商隊穿過城門，走進市街。

哈丹・古拉偷偷告訴他：「我一直期望自己能成爲像我祖父那樣的人。以前，我一直不知道他到底是個怎麼樣的人，而你已經告訴我了。了解之後，我更加敬佩我祖父，也更下定決心要學他的榜樣。你告訴我有關我祖父成功的秘訣，這恩惠我恐怕永遠無法報答。從今天起，我將運用這秘訣。我將要像他一樣，從小處開始，這比珠寶、錦衣華服更合乎我眞正的身分。」

哈丹・古拉一面說著，一面將他耳朵上那些俗麗的珠寶和他手指上的戒指全部拔下來。然後調轉馬頭，略略退後一步，以無比尊敬的心情，跟在這個商隊的領袖薩魯納達的後面。

巴比倫歷史剪影

巴比倫的富麗建築已成絕響，但巴比倫的智慧永垂不朽。

在歷史扉頁中，沒有任何一個城市的魅力勝過巴比倫。一提到巴比倫城，就令人聯想到財富和氣勢。巴比倫城的黃金和珠寶多得令人難以置信。每個人都可能很自然地想像，這麼個富裕的城市，必定位於熱帶物產豐富之地，四圍滿是富饒的森林和礦產等天然資源。其實不然。巴比倫城位於幼發拉底河畔單調、乾涸的山谷間，沒有森林，也沒有礦產，甚至連建築用的石頭都沒有。它甚至不是座落在一般的貿易路線上，而且原本降雨量也不足，無法種植任何作物。

巴比倫的奇蹟，純粹是人定勝天的例子，它用盡所有可茲利用的資源，而達成偉大的目標。支持這個大城市的所有資源，都是人手打造出來的。它的所有財富，也是人創造出來的。

巴比倫只有兩種天然資源，肥沃的土壤和河水。巴比倫的工程師利用水壩和巨大的運河使河水分流，這些工程，是歷史上數一數二的偉大工程。巴比倫這塊乾涸的山谷平原，也因此有運河流貫，使肥沃的土地得著水源灌溉，進而帶來生生不息的人氣。這項堪稱舉世之冠的成就在歷史上非常有名。透過灌溉系統帶來的富饒物產，是巴比倫之前的歷史所不曾見的。

幸運的是，巴比倫帝國在那麼長的國祚中，一直順利地由歷代國王世襲，僅偶而被外敵征服虜掠過。巴比倫固然發生過戰爭，但多半都是局部性的，或者是巴比倫擊退那些垂涎巴比倫財富的征服者。巴比倫有許多傑出的統治者，因充滿智慧、進取心和公義而名垂青史，從來沒有出過趾高氣昂的君王，一心只想征服所有國家，叫全世界屈服稱臣於他。

曾幾何時，巴比倫城卻已然湮沒。數千年來建造並維修巴比倫城的充沛人力一萎縮，巴比倫即淪爲杳無人煙的廢墟。巴比倫城的遺址位於波斯灣北方，距離蘇伊士運河東方約一千公里處，位在赤道以北的北緯三十度左右，緯度相當於美國亞利桑納州的尤瑪市（Yuma）。巴比倫城的氣候也和尤瑪一樣炎熱、乾燥。

這個位於幼發拉底河畔山谷，一度人口稠密、灌溉農田密佈的區域，如今變成風蕭蕭兮的廢墟。只見稀稀疏疏的雜草和矮灌木，在沙原的逆風坡掙扎求生。肥沃的農田、壯麗的都市和一長列滿載貨品的商隊，早已不復可見。如今這裡的居民，只有支搭帳篷，過著貧乏生活的少數阿拉伯游牧者。這些游牧民族大約自基督教誕生的公元一世紀之初，便開始在這裡生活。

零星的山丘座落在這個山谷的東部。多少年來，許多經過的旅人均以爲，這裡根本就是不毛之地。後來還是因爲有幾片破陶片和磚塊，偶然受到暴風雨沖刷而浮出地表，才引起考古學家的注意和興趣。在歐洲和美國若干博物館贊助之下，考古學家於是展開挖掘工作，看看能挖出什麼東西。考古學家的鏟子和挖掘工具果然證實，這些山丘是一些古城的遺址。考古學家也許該稱呼這些遺址是埋葬那些古城的墳墓。

巴比倫就是其中一個湮沒的古城。在其遺址上兩千年以來，只剩下不時揚起沙漠灰塵的野風。原先由磚塊建造而成的巴比倫城，被挖掘出來時，其城牆已是斷垣殘壁，幾近歸於塵土，無法復見其原貌。這便是昔日極盡富裕的巴比倫城如今的光景。它成了廢棄多年的一堆塵土，以致如今活著的人甚至連它的名字都不知道，直到考古學家小心翼翼地撥開掩蓋其上千年的厚厚沙土，才逐漸露出這個歷史名城殘破的街道、傾頹殘缺的神殿和皇宮。

許多科學家咸認，巴比倫和該山谷的其他城市，是有明確歷史記載以來最古老的文明。這些城市確切的生存年代，可追溯到八千年前。有趣的是科學家用以推算巴比倫生存年代的方法。考古學家在巴比倫廢墟中發現了描述日蝕的資料。現代的天文學家依照這些資料，用電腦計算出古巴比倫發生日蝕的時間，進而建立了巴比倫曆法與現代曆法的關係。

就這樣，考古學家證實，八千年前巴比倫帝國的蘇美人，曾經住在有護牆的城市裡面。現在我們只能猜想，這些巴比倫人的城市先前可能已經存在了好幾個世紀。這些城市的居民並非居住在護牆內的野蠻人，而是有知識且已開化的人類。根據歷史記載，巴比倫是歷史上第一次出現工程師、天文學家、資本家和書寫文字的民族。

我們先前已提過巴比倫的灌溉系統，使乾涸的山谷化爲農產富庶的天堂。儘管城裡的運河多半已經被長年堆積的沙土掩蓋，但是這些運河的殘留仍有跡可循。運河某些段落的河床寬度，大到可以同時容納十二匹馬並排奔跑，其規模可與居美國之冠的科羅拉多州運河和猶他州運河相媲美。

除了建築運河灌溉山谷的土地之外，巴比倫工程師還完成了另一項輝煌的成就。他們藉由精心設計的排水系統，將幼發拉底河口和底格里斯河口廣袤的沼澤地化為耕地。

希臘旅遊家暨歷史學家希羅多德（譯註：西元前約四八四年到四二〇年，有歷史之父的稱號）曾在巴比倫正值興盛繁榮期之際，造訪過巴比倫，這是迄今世人唯一能藉一位外人的描述一窺巴比倫風貌的記錄。希羅多德栩栩如生地描繪了巴比倫城的風華及其居民的習俗。他提到城裡的土壤肥沃，小麥和大麥都豐收。

巴比倫的光輝已經殞落，但是它的智慧存留到後世。這些被記錄下來的智慧，使我們受益良多。在那樣遙遠的古代，尚未發明紙張。他們將文字刻在潮濕的泥板上面，刻完之後，再將泥板拿去烤乾化硬。這些泥板的體積大約是六英吋寬，八英吋長，一英吋厚。

巴比倫人便是用這些所謂的泥板做記錄，就像我們現在也用書寫形式做記錄一樣。這些泥板常刻著些傳奇故事、詩詞、歷史、國王的諭令、當地法律、土地財產權狀、契約書等，甚至刻著書信，由信差送到遠方去。從這些泥板，我們得以窺見巴比倫人很內心的私事。例如，有一塊顯然是一位鄉村商店主人所擁有的泥板，上面刻著日期和某個顧客的姓名，以及這位顧客牽了一頭母牛來兌換了七袋小麥，其中三袋小麥已經交貨，另四袋隨時等他回頭來領取。

這些泥板在古城廢墟遺址的地底下保存得非常完整，考古學家挖掘出來的泥板有成千上萬塊，足以塞滿好幾家圖書館。

巴比倫最有名的奇觀還在於它的雄偉城牆。古代人將巴比倫的城牆媲美埃及的金字塔，這兩項偉大的建築均名列「世界七大奇觀」。相傳巴比倫帝國的創始者，亞述女王瑟蜜拉米絲，就是在巴比倫歷史早期建造第一道城牆的人。但是現代的考古學家一直未能挖掘到任何有關巴比倫原始城牆的蛛絲馬跡，也沒有人知道這些城牆有多高大。根據早期的記錄，這些磚造的城牆屬於外廓，估計約有五十到六十英呎高，城牆外還有一條很深的護城河。

而巴比倫稍後改建的最有名的城牆，則是在基督降生以前六百年，由當時的納波帕拉撒王建造的。重建城牆的工程計畫極其浩大，納波帕拉撒王生前並未來得及親睹這項改建工程完工，而由他的兒子尼布甲尼撒王賡續其志，尼布甲尼撒王是聖經中非常有名的一位巴比倫王（譯註：參見聖經舊約《但以理書》）。

改建後的巴比倫城牆到底有多高多長，歷史的記載令人懷疑。根據可靠消息來源的記載，它有大約一百六十英呎高，相當於現今十五層辦公大樓的高度，而其總長度據估計約在九到十一英里之譜，而且寬度大到牆頂上可以同時供六頭馬車並排奔跑。這樣壯觀的建築結構如今卻蕩然無存，僅可見部分殘破的牆垣基座和護城河遺跡。更有後世的阿拉伯人挖走城牆的磚塊去做別的用途。

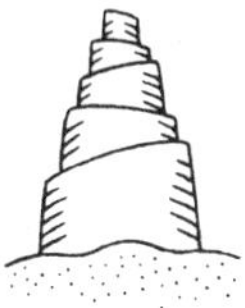

巴比倫城牆下，盡是昔日征服者相繼踐踏而過的足跡，每一個征服巴比倫的民族，幾乎都是當時戰無不克的強者。許多其他帝國的君王包圍過巴比倫，但是總被巴比倫軍隊擊退。當時侵略巴比倫的敵軍不在少數。歷史學家曾估計，至少每戰總有一萬名騎兵、兩萬五千輛戰車和一千兩百團的步兵，每個兵團有一千名士兵。要應付這樣的戰爭，通常需要花費兩三年的時間，預備作戰物資、存糧和行進的路線。

巴比倫城的結構不輸現代的城市。城裡有許多街道和商店，也有攤販在住宅區內兜售貨品。祭司在莊嚴宏偉的神殿供職。城內還包含皇宮禁地，據說皇宮的圍牆比巴比倫城牆更高。

巴比倫人也非常精通工藝，包括雕刻、繪畫、編織、金飾設計、鑄造金屬武器和農業用具等。珠寶商也會創作富藝術氣息的珠寶飾品。有許多美倫美奐的珠寶飾品，便是從一些富翁的墳墓中發現的，這些珠寶目前大多陳列在世界若干大博物館中。

當早期人類還在使用石頭做的斧頭砍樹，或用削尖的打火石製成的矛和箭打獵或打仗時，巴比倫早就已使用金屬製的斧頭、矛和箭了。

巴比倫也擁有非常精明的資本家和貿易商。就我們目前所知，他們是人類歷史上最早發明以貨幣進行交易、立借據或打契約，以及設立土地財產權狀的民族。

巴比倫一直到基督降生前五百四十年左右，才被敵人攻陷。即使那時，巴比倫的城牆也未受損。有關巴比倫淪亡的故事非常離奇。當時征服巴比倫的一個君王，波斯王居魯士大帝，蓄意攻擊巴比倫城，想取下難以攻陷的城牆。巴比倫國王納波尼杜斯（Nabonidus）的顧問大臣勸他，親自出面迎戰居魯士，不必等居魯士圍城。結果納波尼杜斯王戰敗逃亡，居魯士因此進入敞開的巴比倫城門，搜盡城裡所有財寶。

此後，巴比倫城的強盛和威望便每下愈況，數百年之後，終至淪亡，灰飛煙滅化為廢墟，任風雨摧殘，變成原來的沙土，昔日富麗堂皇，冠蓋雲集的盛況不復可尋。

巴比倫神殿那值得誇耀的圍牆已經永世傾頹，但是巴比倫的智慧永垂不朽。

大塊文化出版公司書目

touch 系列

01	10倍速時代	Andrew S. Grove 著 王平原譯	250元
02	未來英雄	John Brockman 著 汪仲等譯	330元
03	WWW.新家庭	Seymour Papert 著 賴慈芸 等譯	250元
04	量子管理	Stan Davies 著 何穎怡 譯	250元

mark 系列

01	福爾摩啥	Psalmanaazaar 著 薛絢 譯	280元
02	西藏七年與少年達賴	Heinrich Harrer 著 刁筱華 譯	250元
03	聖經密碼	Michael Drosnin 著 杜默 譯	250元
04	絕對的藝術家	謝恩 著	390元
05	潛水鐘與蝴蝶	Jean Dominique Bauby 著 邱瑞鑾 譯	150元
06	革命前夕的摩托車之旅	Che Guevara 著 梁永安 等譯	250元

smile 系列

01	豺狼的微笑	Aquarius X 著 蔡志忠 繪圖	特別價69元
02	Peggy來占星1 愛情魔法書	Peggy著	150元

03	成功致富又快樂	溫世仁 著 蔡志忠 繪圖	特別價 69元
04	台灣黑色燴	于震 編寫	特別價 99元
05	Peggy來占星 2 工作GoGo	Peggy著	150元
06	清清醒醒過一生	Geoffry Bellman 著 丁佩芝 譯	180元
07	前途	溫世仁 著 蔡志忠繪圖	120元
08	女人要帶刺	Roberta Gregory 著 何穎怡 譯	特價120元
09	台灣經濟的苦難與成長	溫世仁 著 蔡志忠 繪圖	120元
10	穿著睡衣賺錢的女人	Migi 著	180元
11	黑鳥麗子白書	黑鳥麗子 著	150元
12	現在流行吃素	黃怡等12人合著	120元
13	心靈深呼吸	王映月 著	150元
14	給女人靈魂的巧克力	Kay Allenbaugh 著 洪國鈞 等譯	200元
15	我在花花世界	陳樂融 著	150元
16	台灣經濟的苦難與成長 (英文版)	溫世仁 蔡志忠 繪圖	120元
17	跨世紀投資策略	謝金河 著	280元
18	非常壞	Aquarius X 著 蔡志忠 繪圖	120元

catch 系列

01	第五元素 (VCD+彩色精裝書)	Akibo 視覺設計	450元
02	叛逆的天空 (散文)	梁望峰 著	120元
03	寂寞裡逃 (散文)	梁望峰 著	120元

04	小茜茜心靈手札(漫畫)	韓以茜 著	150元
05	The Making of小倩	徐克 著	特價700元
06	千女遊魂(小說)	朱衣 著	150元
07	天若無情(小說)	梁望峰 著	120元
08	墮落天使(小說)	梁望峰 著	120元
09	在地球表面漫步(散文)	張妙如 著	150元
10	小明(漫畫)	歐陽應霽 著	150元

PC Pink 系列

01	網路是一條口紅	Peggy 著	280元

大塊文化出版公司 Locus Publishing Company
台北市117羅斯福路六段142巷20弄2-3號
電話：(02) 29357190　傳眞：(02) 29356037
台北縣新店郵政16之28號信箱
e-mail: locus@ms12.hinet.net
1. 歡迎就近至各大連鎖書店或其他書店購買，也歡迎郵購。
2. 郵購單本9折(特價書除外)。
帳號：18955675戶名：大塊文化出版股份有限公司
3. 團體訂購另有折扣優待，歡迎來電洽詢。

跨世紀投資策略
進入全球金融體系之後，台灣人的投資之道
《財訊》雜誌 謝金河◎著
金融震盪的前後因果
投資戰略縱橫談
永恆的基本理念與方法
夢幻戰場：大中華經濟圈
看十年英雄人物
smile

從無始以來
古聖先賢、父母師長們
都教我們要好……
But 我們不教好，
我們教「**壞**」！

It's so nice to be BAD!

國家圖書館出版品預行編目資料

一生受用的金雞蛋：富翁的十二個祕密／克
拉森 (George S. Clason) 著；楊淑智譯-- 初
版-- 臺北市：
大塊文化，1998 [民 87]
面； 公分. -- (Smile系列；19)
譯自：The Richest Man in Babylon.

ISBN 957-8468-40-7 (平裝)

563 8700377

1 1 7 台北市羅斯福路六段142巷20弄2-3號

廣告回信
台灣北區郵政管理局登記證
北台字第10227號

大塊文化出版股份有限公司　收

地址：______市／縣______鄉／鎮／市／區________路／街______段______巷

______弄______號______樓

姓名：

請沿虛線撕下後對折裝訂寄回，謝謝！

大塊 LOCUS 文化

編號：SM 019　　書名：一生受用的金雞蛋

大塊 LOCUS 文化

讀者回函卡

謝謝您購買這本書，為了加強對您的服務，請您詳細填寫本卡各欄，寄回大塊出版 (免附回郵) 即可不定期收到本公司最新的出版資訊，並享受我們提供的各種優待。

姓名：________________________ **身分證字號**：________________________

住址：____

聯絡電話：(O)________________________ (H)________________________

出生日期：________年______月______日

學歷：1.□高中及高中以下 2.□專科與大學 3.□研究所以上

職業：1.□學生 2.□資訊業 3.□工 4.□商 5.□服務業 6.□軍警公教 7.□自由業及專業 8.□其他________

從何處得知本書：1.□逛書店 2.□報紙廣告 3.□雜誌廣告 4.□新聞報導 5.□親友介紹 6.□公車廣告 7.□廣播節目8.□書訊 9.□廣告信函 10.□其他____________

您購買過我們那些系列的書：

1.□Touch系列 2.□Mark系列 3.□Smile系列 4.□catch系列

閱讀嗜好：

1.□財經 2.□企管 3.□心理 4.□勵志 5.□社會人文 6.□自然科學 7.□傳記 8.□音樂藝術 9.□文學 10.□保健 11.□漫畫 12.□其他_____

對我們的建議：____

____

____

LOCUS

LOCUS

LOCUS

LOCUS